LET'S MAKE SENTENCES

BUILDING WORDS INTO MEANINGFUL IDEAS

KAILASH NARAYAN JOHRI & GANGA NARAYAN JOHRI

BlueRose ONE.com
Stories Matter
NewDelhi • London

BLUEROSE PUBLISHERS
India | U.K.

For permissions requests or inquiries regarding this publication,
please contact:

BLUEROSE PUBLISHERS
www.BlueRoseONE.com
info@bluerosepublishers.com
+91 8882 898 898
+4407342408967

ISBN: 978-93-7542-760-5

Cover design: Anuj
Typesetting: Tanya Raj Upadhyay

First Edition: April 2026

DEDICATION

This book is affectionately dedicated to the sacred memory of my revered parents, Late Ganga Narayan Johri and Late Prem Wati Johri, whose love, sacrifices, and noble values have been the guiding light of my life. Their blessings, wisdom, and constant encouragement laid the foundation of my character and inspired me to face life's challenges with courage and determination.

The steadfast support, affection, and belief shown by these dear souls gave me the confidence to continue my journey and ultimately complete this work. This book stands as a humble tribute to their enduring love, blessings, and invaluable support, for which I shall remain forever grateful to them.

30.07.1915 - 06-10-2002

26.09.1922 - 24.05.1995

गंगानारायण जौहरी एवं प्रेमवती जौहरी

PREFACE

Why a New Book ?

Many excellent books on the subject of translating or forming sentences from Hindi to English are already available in the market across the world. A natural question may therefore arise: Why bring out a new book on the same topic?

The answer lies in the fact that every author approaches teaching in a unique way. Each book reflects the author's individual method of communicating with students and guiding them through the learning process. The authors of this book, Ganga Narayan Johri and Kailash Narayan Johri, have developed a somewhat different and engaging method designed to attract students and make the learning process simpler and more interesting.

In practical life, it is often observed that students who are proficient in English are given preference over those who come from a Hindi-medium background or from other regional language streams. Furthermore, English has established itself as an international language and is widely accepted as a common medium of communication among people across the world.

With this understanding, the present book has been prepared with the aim of helping students from Hindi and other regional language backgrounds gain confidence in forming correct English sentences and improving their ability to communicate effectively.

OBJECTIVE OF THIS BOOK

The primary objective of this book is to contribute to the noble cause of spreading knowledge and helping students grow intellectually. It is often believed that writing and publishing a book to educate others is one of the most sincere ways of serving God, because knowledge has the power to transform lives and uplift society. Guided by this belief, the authors have prepared this book with great dedication and responsibility.

A special emphasis has been placed on supporting students from the Hindi medium. In many academic environments, students who study in English often receive more exposure and resources, which can sometimes place Hindi medium students at a disadvantage. Recognizing this challenge, the authors have carefully designed the content, explanations, and presentation of this book so that Hindi medium students can clearly understand the subject and develop strong conceptual knowledge.

The language and structure of the book aim to make learning easier, more accessible, and more meaningful. By simplifying complex ideas and presenting them in a clear and systematic manner, the book seeks to build confidence among students who may feel hesitant due to language barriers. The ultimate goal is to empower these students so that, after studying this book, they are able to compete academically and intellectually on equal footing with students from English medium backgrounds.

In essence, this book is not only a source of academic information but also an effort to promote equality in education. The authors hope that it will inspire confidence, strengthen understanding, and help students achieve their full potential regardless of the language of instruction.

ABOUT THE AUTHORS

This book was authored by Ganga Narayan Johri and Kailash Narayan Johri between the years 1998--2002. However due to unfortunate demise of Ganga Narayan Johri on October 6, 2002, the book could not be finalized in its complete form.

Ganga Narayan Johri who retired from the position of Food Inspector (under Government of Uttar Pradesh) began working on this book alongwith Kailash Narayan Johri after stepping away from food related business activities.

From 1998--2002, their aim was to help Hindi Medium Students, develop proficiency in understanding and speaking English.

We not only hope but firmly believe that Hindi Medium students will greatly benefit from this book.

Er. Kailash Narayan Johri

Author

ACKNOWLEDGMENTS

While covering the subject on Let's Make Sentences, the absence of publication, covering the attractive style and font was actually felt. Blue Rose Publication is a result of desire to produce a documentation in the shape of a book which would be useful for all students having interest in learning English correctly.

It would be appreciated to mention the support and assistance rendered by my beloved elder daughter, Major Doctor Sadhna Johri, whose unwavering faith in me has always been a great source of strength. During some of the most difficult phases of my life, she stood firmly by my side, offering not only heartfelt moral encouragement but also generous financial support whenever it was needed.

Above all, the author is grateful to Late Ganga Narayan Johri whose name is mentioned as a co - author of this book for his encouragement and guidance during his life time on this eternal earth.

SPECIAL TERMS

The Author has used two special terms viz

(I) Double Interrogative Sentence

(ii) Double Interrogative Negative Sentences

These words are generally not found in English grammar books, available in the Open Market. This term has been used by the Author to help the students while translating the Hindi Sentences into English Sentences.

इस पुस्तक में लेखक ने दो विशेष शब्द द्विगुणित प्रश्न वाचक वाक्य एवं द्विगुणित प्रश्न सूचक निषेधात्मक वाक्य का प्रयोग किया है । उपरोक्त दोनों प्रकार के विशेष शब्द, बाजार में उपलब्ध अंग्रेजी भाषा में व्याकरण पुस्तकें, जो सामान्यतः खुले बाजार में उपलब्ध है, में नहीं मिलता है। इन शब्दों का प्रयोग लेखक ने विद्यार्थियों को प्रश्न वाचक वाक्य को सही तरीके से समझाने के लिए किया है।

Table of Contents

Chapter-1
Sentence

SENTENCE का हिन्दी अर्थ होता है वाक्य अर्थात् शब्दो का समूह, जो व्याकरण के अनुसार एक निश्चित क्रम मे होता है और जो पूर्ण अर्थ व्यक्त करता है। तीनो कालों में वाक्य बनाये जाते हैं।

Sentence is a group of words, arranged grammatically in a fixed sequence with meaningful expressions. Sentences are formed in all three types of tenses.

PARTS OF SENTENCES:→

किसी भी वाक्य के दो भाग होते हैं:

(1) कर्ता (SUBJECT)
(2) विधेय (PREDICATE)

(1) *कर्ता (Subject) *:-

कर्ता वह संज्ञा, सर्वनाम या विशेषण शब्द होता है जो क्रिया को करता है एवं वाक्य में मुख्य क्रिया / सहायक क्रिया के प्रयोग का निश्चय करता है अर्थात एक वचन कर्ता/ बहु वचन कर्ता के अनुसार क्रिया का निर्धारण करता है ।

The subject is a noun or pronoun that performs the action of the verb about which something is stated. Generally noun phrase noun , pronoun or adjective words act as a subject of the action. The subject decides the use of the verb or the helping verb in a sentence.

* In a sentence , the subject is WHO or WHAT the sentence about.

* Identifies the noun or pronoun ,that the sentence is focused on.

* Can be a single word or include modifiers

* Answer the question WHO / WHAT in relation to the action or State of being.

(2) **PREDICATE (विधेय) :** →

वाक्य का वह भाग होता है जो कर्ता के बारे में कुछ बताता है। **क्रिया एवं कर्म मिलकर विधेय कहलाता है ।**

- "In a sentence, the predicate tells what the subject does or is
- "Contains the verb and any other words that modify or describe the subject".
- "Tells what the subject is doing or what is happening to it".
- "Usually starts with a Verb".

Example (उदाहरण)

(1) The dog barks loudly

(A). (B)

(A) In this sentence - The dog → Subject

(B) Barks loudly → Predicate

(2) Ram sleeps

(A). (B)

(A) Ram - Subject.

(B) Sleeps - Predicate

(3) He is very happy

(A) (B)

(A) He → Subject

(B) Is very happy→ Predicate

(4) My teacher lives is a big house.

(A) (B)

(A) My teacher → Subject

(B) lives in a big house → Predicate

Chapter – 2
Tense (काल)

अंग्रेजी भाषा में काल तीन प्रकार के होते है –

Tenses are of three types in English, Viz

(1) Present Tense (वर्तमान काल)
(2) Past Tense (भूतकाल)
(3) Future Tense (भविष्य काल)

उपरोक्त सभी तीन प्रकार के काल पुनः निम्न चार उपभागों में वर्गीकृत हो जाते हैं जिनका विस्तृत विवरण (अंग्रेजी में अनुवाद के नियम) के बारे में अगले अध्यायो में चर्चा की गई है। अतः उपरोक्त सभी काल पुन: चार , उपभाग में बट जाते हैं :-

Each of the above three types of Tenses are further classified in the following manner and the rules for translating them into English will be discussed in the next chapters.

Therefore all the tenses are further divided into four sub heads,

(i) Indefinite (Simple) Tense (सामान्य काल)
(ii) Continuous (Progressive) Tense (अपूर्ण काल / जारी रहने वाला काल)
(iii) Perfect Tense(पूर्ण काल)
(iv) Perfect Continuous Tense(पूर्ण –अपूर्ण काल)

अगले पृष्ठ पर दिए गए चार्ट -I का अध्ययन करके विद्यार्थी सतही तौर पर काल और वाक्यों के बारे मे भली प्रकार से समझ सकता है।

Students can understood very well regarding tenses and sentences by studying Chart -I , given on next page,

CHART NO.- I

TENSE (काल)	**INDEFINIT TENSE (सामान्य)**	**CONTINUOUS (अपूर्ण/जारी है)**	**PERFECT (पूर्ण)**	**PERFECT CONTINUOUS (पूर्ण- अपूर्ण)**
PRESENT TENSE (वर्तमान काल)	I go मैं जाता हूँ	I am going मैं जा रहा हूँ	I have gone मैं जा चूका हूँ	I have been going for four houses मैं चार घन्टे से जा रहा हूँ
PAST TENSE (भूतकाल)	I went मैं गया	I was going मैं जा रहा था	I had gone before he comes उसके आने के पूर्ण जा चुका था	I had been going since two 'o'clock मैं दो बजे से चला जा चुका था
FUTURE TENSE (भविष्य काल)	I shall go मैं जाऊँगा	I shall be going मैं जा रहा हूँगा	I shall have gone tomorrow by now मैं कल अब तक जा चुकूँगा	I shall have been going for five hours by tomorrow evening मैं कल शाम पाँच घन्टे चल कर जा चुका हूँगा

Chapter-3
Present Tense (वर्तमान काल)

(1) Present Indefinite Tense (सामान्य वर्तमान काल)

वह काल है जिसमें मौजूदा समय में किसी काम का होना पाया जाता है। परन्तु यह अनिश्चित रहता है कि काम हो रहा है या हो चुका है।

जैसे -

I read my book.

मै अपनी पुस्तक पढ़ता हूँ।

She goes.

वह जाती हैं।

पहचान:-

Present Indefinite Tense के वाक्य के अन्त में ता है, ती है, ते है, आदि अक्षर आते हैं।

(A) Affirmative sentence (निश्चयात्मक वाक्य) :-

बनाने के नियम –

इन वाक्यों को बनाने के लिए वाक्य में सर्वप्रथम

(i) subject (कर्ता)

(ii) फिर Principal verb (मुख्य क्रिया) की first from (प्रथम रूप) में

(iii) फिर object (कर्म) रखते है |

जैसे –

मै एक पुस्तक पढता हूँ।

उपरोक्त वाक्य में - मैं subject है, पढ़ता हूं - मुख्य क्रिया है और एक पुस्तक Object है

Subject	**Principal Verb**	**Object**
I	read	a book

NOTE--

अंग्रेजी भाषा में verb's (क्रियाऐ) बहुवचन होती है | यदि कर्ता एक वचन है तो क्रिया भी एक वचन (singular) होगी | verb को singular बनाने के लिए उसके अन्त में s या es या ies लगाते हैं |

जैसे –

Rules regarding conversion of plural verb to Singular verb	**Plural verb**	**Singular verb**
	Do Go Tax Push	Does Goes Taxes Pushes
अंतिम अक्षर वाली (क्रिया) verb में यदि 'y' से पहले CONSONAT (व्यंजन) है तो 'y' को हटाकर ies में बदल देते हैं |	Try Cry	Tries Cries
'y' अंतिम अक्षर वाली (क्रिया) verb में यदि 'y' से पूर्व vowel (स्वर) है तो verb के अन्त में केवल s लगाते है |	Obey Play Buy Say	Obeys Plays Buys Says
शेष verb (क्रियाऐ) के अन्त में केवल s लगाते हैं|	Come Run Take Get Hold Break	Comes Runs Takes Gets Holds Breaks

याद कीजिए:-

(1) एक वचन कर्ता के सांथ एक वचन क्रिया प्रयुक्त होती हैं और क्रिया को एक वचन बनाने के लिए (verb) first form (क्रिया प्रथम रूप) के अन्त में नियमानुसार s, es, या ies लगा देते हैं |

(2) बहुवचन कर्ता के साथ एवं I तथा you के साथ क्रिया को first form में ज्यों का त्यों रखते हैं | यानी क्रिया के अन्त में s, es, या ies नहीं जोड़ते हैं |

(3) ऐसे वाक्यों में 'ता है ' , "ती है ", "ते है" , ते हो , आदि अक्षर क्रिया में मिले रहते हैं | अतएव इनकी अंग्रेजी में is, am, are प्रयोग नहीं की जाती है |

जैसे –

गोविन्द फुटबाल खेलता है |

Govind plays Football

मै अपनी पुस्तक धीरे - धीरे पढता हूँ |

I read my book slowly,

वे अपने हांथो से काम करते हैं |

They work with their hands.

तुम कुछ फल खरीदते हो |

You buy some fruits

B) Negative sentence (निषेध वाचक वाक्य) :-

वह वाक्य जिसमे Negative (निषेध सूचक शब्द) 'नहीं 'अथवा 'कभी' नहीं ' होते हैं | Verb के रूप में do not, does not का प्रयोग किया जाता हैं |

जैसे –

मैं वहाँ नहीं जाता हूँ |
I do not go there
मैं वहाँ कभी नहीं जाता हूँ |
I never go there.

बनाने के नियम :-

Present Indefinite Tense के Negative Sentence बनाने के लिए वाक्य में सर्व प्रथम –

(1) कर्ता Subject

(2) फिर कर्तानुसार सहायक क्रिया Do या Does

(3) फिर निषेध सूचक शब्द Not /Never

(4) फिर मुख्य क्रिया प्रथम रूप (Principal Verb first form) में ज्यों का त्यों

(5) फिर कर्म object प्रयुक्त होते हैं |

याद कीजिए -

(1) Negative Sentence में Negative words 'Not ' या 'Never' का प्रयोग अवश्य होता है।

(2) Not का प्रयोग सहायक क्रिया Do / Does तथा मुख्य क्रिया के प्रथम रूप (Principal Verb first form) के बीच होता है।

(3) कभी नहीं (Never) का प्रयोग कर्ता Subject तथा मुख्य क्रिया के प्रथम रूप (Principal Verb first form) के बीच किया जाता है। इसके साथ सहायक क्रिया Do / Does का प्रयोग नहीं होता है।

(4) एक वचन कर्ता Subject के साथ does सहायक क्रिया का प्रयोग और बहुवचन कर्ता Subject तथा I & you के साथ "do" सहायक क्रिया आती है।

(5) Does सहायक क्रिया के प्रयोग होने पर मुख्य क्रिया प्रथम रुप Principal Verb First Form में ज्यों का त्यों प्रयोग होता है अर्थात उसमें s, es, ies नही लगाते हैं।

(C) Interrogative Sentence (प्रश्न वाचक वाक्य) :-

पहचान-

यह वाक्य प्रश्न (पूँछने) का बोध कराते हैं। इनके अन्त में प्रश्न सूचक चिन्ह अवश्य होता है। इसके अतिरिक्त हिन्दी वाक्य में प्रश्न सूचक शब्द 'क्या' सर्व प्रथम आता है।

जैसे-

क्या मैं अपना पाठ याद करता हूँ?

Do I learn my lesson ?

बनाने के नियम -

Present Indefinite Tense (सामान्य वर्तमान काल) प्रश्न वाचक वाक्य बनाने के लिए वाक्य में सर्वप्रथम

(1) सहायक किया Do/does कर्ता Subject के अनुसार
(2) फिर कर्ता (subject)
(3) किर मुख्य क्रिया प्रथम रूप Principal Verb first form ज्यों की त्यों, तथा
(4) फिर कर्म (object) रखते है । और अन्त मे प्रश्न सूचक चिन्ह लगाते है।

जैसे-

क्या मै घर जाता हूँ?

Do I go home?

क्या तुम अपनी पतंग उड़ाते हो ?

Do you fly your kite?

(D) Interrogative Negative Sentence (प्रश्नवाचक निषेधात्मक वाक्य) :-

पहचान-

वह वाक्य जिसमें प्रश्न सूचक तथा निषेधात्मक(निषेध वाचक) दोनो का मिश्रण पाया जाता है।

जैसे-

Does he not go?

क्या वह नहीं जाता है?

बनाने के नियम -

सामान्य वर्तमान काल (Present Indefinite Tense) मे Interrogative Negative Sentence बनाने के लिए सर्वप्रथम कर्तानुसार

(1) सहायक किया Do/Does

(2) कर्ता subject

(3) निषेधात्मक शब्द Not/Never/No

(4) मुख्य क्रिया प्रथम रूप(Principal Verb first form) मे ज्यों का त्यों

(5) कर्म object का प्रयोग करते हैं और अन्त मे प्रश्न सूचक चिन्ह का प्रयोग करते है।

जैसे-

क्या राम और श्याम दूध नहीं पसन्द करते हैं?

Do Ram & Shyam not like milk?

क्या वह बच्चा कभी नही गाता है ?

Does that child never sing?

(E) Double Interrogative Sentences (द्विगुणतीय प्रश्न सूचक वाक्य) :-

पहचान-

वह वाक्य है जिसमे दो प्रश्न सूचक शब्दों का प्रयोग पाया जाता है।

बनाने के नियम --

(i) सर्व प्रथम प्रश्न सूचक सर्वनाम/ क्रिया विशेषण (why, which,when,who, etc.)

(ii) फिर कर्ता के अनुसार सहायक क्रिया

(iii) फिर कर्ता Subject

(iv) फिर मुख्य क्रिया प्रथम रुप Principal Verb First Form

(v) फिर कर्म Object रखते हैं और अंत में प्रश्न सूचक चिन्ह लगाते हैं।

जैसे-

राम गेंद कहाँ खेलता है?

Where does Ram play football?

इस वाक्य में where और does दो प्रश्न सूचक शब्द प्रयुक्त हुये हैं। अतः द्विगुणतीय प्रश्न सूचक वाक्य है इसमें अन्त में प्रश्व सूचक चिन्ह लगाया जाता है।

(F) **Double Interrogative Negative Sentence (द्विगुणतीय प्रश्न सूचक निषेधात्मक वाक्य)** :-

पहचान:-

वह वाक्य जिसमें द्विगुणतीय प्रश्न सूचक तथा निषेधात्मक वाक्य, दोनो ही का समावेश पाया जाता है।

जैसे-

वह आज खाना क्यों नही खाता है ?

Why does he not eat food today?

बनाने के नियम: -

Double Interrogative Negative Sentence में प्रश्न सूचक शब्द कितना किसकी "कौन सी" आदि सर्वनाम Pronoun / क्रिया विशेषण adverb (शब्द) :-

(i) सर्वप्रथम इन शब्दो की अंग्रेजी

(ii) सहायक क्रिया Do/ Does कर्ता (subject) के अनुसार

(iii) कर्ता Subject

(iv) निषेध सूचक शब्द Not / Never

(v) मुख्य किया प्रथम रूप में (first form) ज्यों का त्यो

रखते है।

(vi) फिर कर्म Object रखते है और अन्त में प्रश्न सूचक चिन्ह लगाते हैं।

जैसे -

वह आज खाना क्यों नहीं खाता है?

Which does he not take food today?

NOTE - जब वाकय में "किसकी " " कौन सी "कितनी" आदि प्रश्नसूचक **वशेषण** शब्द आते हैं तो सर्वप्रथम इन शब्दो की अंग्रेजी **फर** object कर्म **फर** कर्तानुसार सहायक **क्रया** do / does **फर** subject तथा **फर** मुख्य **क्रया** का प्रथम रूप first form ज्यों का त्यों रखते हैं।

जैसे --

वह कौन सी पुस्तक पसंद नहीं करती है ?

Which book does she not like ?

प्रश्नवाचक और द्विगुणतीय प्रश्नवाचक वाक्यों में भेद :-

Difference Between Interrogative Sentence & Double Interrogative Sentence: -

INTERROGATIVE SENTENCE	**DOUBLE INTERROGATIVE SENTENCE**
(1) प्रश्नवाचक वाक्य में हिन्दी मे ' क्या ' शब्द सर्वप्रथम आता है। **उदाहरण-** क्या गोविन्द यहाँ रहता है? Does Govind live here?	(1) द्विगुणतीय प्रश्नवाचक वाक्यों में हिन्दी भाषा में प्रश्नसूचक सर्वनाम अथवा प्रश्नसूचक विशेषण शब्द कहा, क्यों, क्या, कैसे, कौन, किसका, कौनका आदि वाक्यों के बीच मे आते हैं। किन्तु अंग्रेजी अनुवाद में प्रश्नसूचक सर्वनाम अथवा क्रिया विशेषण सर्व प्रथम रखकर प्रश्नवाचक वाक्य बनाते हैं **उदाहरण: -** गोविन्द कहाँ रहता है? Where does Govind live?
(2) अंग्रेजी अनुवाद मे सर्वप्रथम सहायक क्रिया का प्रयोग होता है। उसके बाद कर्ता, तत्पश्चात मुख्य क्रिया और अंत में कर्म रखते हैं । **उदाहरण-** क्या वह लड़ता है ? Does he quarrel?	(2) प्रश्न सूचक शब्द where, why, What, How, who, which, whose, whom आदि सर्वप्रथम रखते हैं उसके बाद सहायक क्रिया लगाते है। **उदाहरण-** गोविन्द कहां रहता है? Where does Govind live?
	(3) परन्तु जब वाकय में "किसकी " " कौन सी" "कितनी" आदि प्रश्नसूचक विशेषण शब्द आते हैं तो सर्वप्रथम इन शब्दो की अंग्रेजी फिर object कर्म फिर कर्तानुसार सहायक क्रिया do / does फिर subject तथा फिर मुख्य क्रिया का प्रथम रूप first form ज्यों का त्यों रखते हैं। **जैसे-** वे कितना दूध नित्य पीते है ? How much milk do they drink daily? तुम्हारी कौन सी किताब है? Which book is yours?

CHART NO. -II

Present Indefinite Tense (सामान्य वर्तमान काल)

Sentence (वाक्य)	**Rules of Translation (अनुवाद करने के नियम)**	**उदाहरण हिन्दी (Hindi)**	**Example अंग्रेजी (English)**
AFFIRMATIVE SENTENCE (निश्चयात्मक वाक्य)	कर्ता *subject* कर्तानुसार मुख्य क्रिया प्रथम रूप कर्म *object*	राम हॉकी खेलता है|	Ram plays hockey.
NEGATIVE SENTENCE (निषेधात्मक वाक्य)	कर्ता *subject* सहायक क्रिया *Do/ Does* कर्ता के अनुसार निषेधात्मक शब्द *Not* मुख्य क्रिया प्रथम रूप *first form* कर्म *object* निषेधात्मक शब्द *Never* है तो कर्ता *subject* *Never* निषेधात्मक शब्द मुख्य क्रिया *Principal Verb* कर्ता *Subject* के अनुसार कर्म *object*	मोहन खाना नही खाता है | राम स्कूल कभी नही जाता है |	Mohan does not take food. Ram never goes to school.
INTERROGATIVE SENTENCE (प्रश्नवाचक वाक्य)	कर्तानुसार सहायक क्रिया Do/Does कर्ता subject मुख्य क्रिया प्रथम रूप ने ज्यों का त्यों कर्म object	क्या राम फूटबोल खेलता है ? क्या वे स्कूल जाते है ?	Does Ram play football? Do they go to school?

INTERROGATIVE NEGATIVE SENTENCE (प्रश्नसूचक निषेधात्मक वाक्य)	Not / Never का प्रयोग होता हैं तथा नियम उपरोक्तानुसार होते है		क्या हम स्कूल नही जाते है ? क्या राम फुटवाल कभी नही खेलता है?	Do we not go to school? Does Ram never play football?
DOUBLE INTERROGATIVE SENTENCE (द्विगुणतीय प्रश्नवाचक वाक्य)	How, Which, What, Who, Where, आदि प्रश्नसूचक शब्दों को प्रश्नवाचक वाक्य से पूर्व रखते हैं		राम गेंद कहा खेलता है ? हम स्कूल क्यों जाते है ?	Where does Ram play ball? Why do we go to school?
DOUBLE INTERROGATIVE NEGATIVE SENTENCE (द्विगुणतीय प्रश्नवाचक निषेधात्मक वाक्य)	Not / Never का प्रयोग होता हैं फिर अन्य नियम उपरोक्ता नुसार होते है	वे स्कूल क्यों नही जाते है | राम कभी क्यों नही खेलता है ?	Why do they not go to school? Why does Ram never play?

Chapter – 3.1
Present Indefinite Tense - Use of Incomplete Verbs
(वर्तमान सामान्य काल में अपूर्ण क्रियाओं का प्रयोग)

(1) Present Indefinite Tense (वर्तमान सामान्य काल) में सहायक क्रिया is, am, are का प्रयोग (अपूर्ण क्रियाओं का प्रयोग)

अपूर्ण क्रियाएं - is, am तथा are," Present Indefinite Tense की सहायक क्रियायें है ।परन्तु इनका प्रयोग Present Indefinite Tense मे Incomplete verb अपूर्ण क्रियाओं की तरह होता है। क्योंकि ये अपना पूरा अर्थ प्रकट करने के लिए अन्य शब्दों का प्रयोग चाहती हैं। जो शब्द उनका " पूरा अर्थ प्रकट करने के हेतु प्रयोग किये जाते है। वे complements पूरक कहलाते है।

जैसे-

I am a student

He is a good Player

You are a boy

उपरोक्त वाक्यों में से यदि क्रमशः, a student, a good player, a boy हटा दे तो I ,am, He is ,and you are रह जाती है । इस प्रकार अर्थ अपूर्ण रह जाता है और यदि उपरोक्त शब्द क्रमश: जोड दिये जाते है तो अर्थ पूरा हो जाता है। अतः" am," is " are" अपूर्ण क्रियायें है और student , good Player & Boy शब्द पूरक complements है। यह शब्द कर्ता से संबंध प्रकट करते है|अतः Subjective complements कर्ता प्रधान पूरक है ।

नियमः-

(A) Present Indefinite tense मे is, am, are को निश्चयात्मक वाक्य में प्रयोग करने हेतु सर्व प्रथम subject फिर कर्तानुसार अपूर्ण क्रिया फिर subject complements रखते है ।

जैसे-

Ram is a boy

Here is a press

→ I के साथ am, एकवचन कर्ता के साथ is तथा बहुवचन कर्ता एवं you के साथ are का प्रयोग होता है।

→ Possessive case मे बेजान चीजों को apostrophe's लगाकर नही बनाते है बल्कि एसी दशा of का प्रयोग होता है।

जैसे-

Branch of a Tree

किसी पेड़ का शाखा

→ S, us या ce अन्तिम वर्ण विहीन संज्ञाओ के अंत मे Apostrophe's लगाते है। Possessive case सम्बन्ध कारक बनाते हैं।

जैसे-

These are Ram's Pen

→ S, us या ce अन्तिम अक्षर वाली संज्ञाओ के अन्त में केवल Apostrophe's ही लगाकर Possessive case बनाते है

जैसे-

Girl's school.

(B) Negative Sentence(निषेधात्मक वाक्य) :-

Negative Sentences (निषेधात्मक वाक्य) मे निषेध सूचक Not /Never शब्दों का प्रयोग is /am / are तथा Subjective complements कर्ता प्रधान पूरको के मध्य होता है।

जैसे -

This is not his pen.

यह उसका पैन नहीं है।

(C) Interrogative Sentence(प्रश्न वाचक वाक्य) :-

ऐसे वाक्य बनाने में is /am /are को कर्तानुसार सर्व प्रथम रखते है। फिर कर्ता Subject तथा फिर Subjective complements कर्ता प्रधान पूरक रखे जाते हैं।

जैसे-

Are you a student?

क्या तुम एक विद्यार्थी हो ?

Is it Ram's book?

क्या यह राम की किताब है ?

(D) Interrogative Negative Sentence(प्रश्न वाचक निषेधात्मक वाक्य) :-

ऐसे वाक्य बनाने में निषेध सूचक शब्द Not /Never कर्ता तथा कर्ताप्रधान पूरक के मध्य होता है।

जैसे-

Am I not a good boy?

क्या में एक अच्छा लड़का नहीं हूँ ?

(E) Double Interrogative Sentence: - (द्विगुणित प्रश्न वाचक वाक्य):-

एसे वाक्य बनाने में सर्व प्रथम who, why, where, when, आदि प्रश्नसूचक सर्वनाम / क्रिया विशेषण शब्द में is, am ,are आदि कर्तानुसार फिर कर्ता एवम् अन्य पूरक शब्द आते हैं।

जैसे-

How are you?

तुम कैसे हो?

Which is your book?

तुम्हारी पुस्तक कौन सी है?

(F) Double Interrogative Negative Sentence – (द्विगुणित प्रश्न वाचक निषेधात्मक वाक्य) -

एसे वाक्य बनाने में Not /Never निषेधात्मक शब्दों का प्रयोग कर्ता तथा पूरक शब्दों के बीच मे होता है।

जैसे-

Why are you not happy?

तुम प्रसन्न क्यों नही हो?

(2) Present Indefinite Tense (सामान्य वर्तमान काल) में सहायक क्रिया HAS तथा HAVE का प्रयोग

Use of has तथा have:-

Has तथा Have, Present Indefinite Tense पूर्ण वर्तमान काल की helping verbs सहायक क्रियाए हैं। किंतु Present Indefinite Tense में इनका प्रयोग मुख्य क्रियाओ की भाँति होता है तथा इनका अर्थ "पास है" "अथवा रखता है ""रखती है" "रखते है" आदि अधिकार के भाव में होता है।

जैसे-

I have a book,

मेरे पास एक पुस्तक है। अथवा मैं एक पुस्तक रखता हूँ।

A cow has four legs.

गाय के चार टाँगे होती है / गाय के चार टाँगे है।

(A) AFFIRMATIVE SENTENCE(निश्चयात्मक वाक्य) :-

निश्चयात्मक काल मे सर्वप्रथम कर्ता Subject फिर कर्तानुसार Has/ Have (एक वचन कर्ता के साथ Has तथा बहुवचन कर्ता के साथ Have एवम् । और you के साथ Have का प्रयोग होता है। फिर कर्म object प्रयोग करते हैं।

जैसे-

I have a pen

मैं एक पैन रखता हूं । अथवा - मेरे पास एक पैन है।

(B) INTERROGATIVE SENTENCE (प्रश्न वाचक वाक्य) :--

प्रश्नवाचक वाक्य Interrogative Sentences में सर्वप्रथम मुख्य क्रिया Has/ Have कर्ता के अनुसार फिर कर्ता subject तथा फिर object कर्म रखते हैं।

जैसे -

Have you four Pens?

क्या तुम्हारे पास चार पैन है ?

Has she two Pencils?

क्या वह दो पेंसिल रखती है?

(C) Double Interrogative Sentence (द्विगुणित प्रश्न वाचक) :-

बनाने के नियम -

ऐसे वाक्यो को बनाने में सर्वप्रथम

(i) प्रश्नवाचक सर्वनाम / क्रिया विशेषण

(ii) फिर मुख्य क्रिया Has/Have कर्ता के अनुसार

(iii) फिर subject

(iv) फिर object

रखते हैं।

जैसे-

How many books has he?

उसके पास कितनी किताबे है?

Why Ram has a car?

राम के पास कार क्यों है?

(D) NEGATIVE SENTENCE (निषेधात्मक वाक्य) :-

निषेध वाचक वाक्य बनाने मे निषेध सूचक शबद No का प्रयोग होता है तथा No शब्द मुख्य क्रिया Has / Have तथा कर्म object के मध्य मे होता है।

जैसे -

She has no Pen

वह कलम नहीं रखती है ।

I have no book

मेरे पास पुस्तक नही है।

(E) Interrogative Negative Sentence (प्रश्न वाचक निषेधात्मक वाक्य) :-

ऐसे वाक्यो को बनाने में No शब्द का प्रयोग कर्ता Subject और कर्म Object के मध्य होता है।

जैसे-

Has Ram no Book?

क्या राम के पास किताब नहीं है?

(F) Double Interrogative Negative Sentences (द्विगुणित प्रश्न सूचक निषेधात्मक वाक्य) :-

बनाने के नियम --

इन वाक्यों में No का प्रयोग प्रायः कर्ता Subject तथा कर्म Object के मध्य होता है।

जैसे-

Why has Mohan no chair?

मोहन के पास कुर्सी क्यों नही है?

याद रखिये -

निषेधात्मक वाक्यो मे प्रायः Has/ Have मुख्य क्रिया के साथ No शब्द का प्रयोग होता है।

(3) PRESENT INDEFINITE TENSE (सामान्य वर्तमान काल) में सहायक क्रिया CAN और MAY का प्रयोग

→ **Use of can तथा may**

याद रखिये –

Can तथा may का अर्थ सकना है लेकिन भाव पृथक - पृथक है। can पुरुषार्थ या सामर्थ्य, आज्ञा आदि भावों मे प्रयुक्त होता है। एवं may सम्भावना, आज्ञा माँगने, आज्ञा देने, इच्छा प्रकट करने आदि के भावो में प्रयुक्त होता है।

(A) Affirmative Sentence (निश्चयात्मक वाक्य) :-

बनाने के नियम --

(1) सर्वप्रथम - कर्ता Subject

(2) फिर can / May

(3) फिर मुख्य क्रिया प्रथम रूप first form मे ज्यों की त्यों

(4) फिर कर्म object

रखते है।

जैसे-

They can go now.

वे अब जा सकते हैं।

You may come in.

तुम अन्दर आ सकते हो।

(B) Interrogative Sentences (प्रश्नवाचक वाक्य) :-

बनाने के नियम --

(1) सर्वप्रथम can/ May

(2) फिर कर्ता subject

(3) फिर मुख्य क्रिया प्रथम रूप में ज्यों की त्यों

(4) फिर कर्म object का प्रयोग करते हैं।

जैसे-

Can he run fast?

क्या वह तेज दौड़ सकता है?

(C) Double Interrogative Sentence (द्विगुणित प्रश्न वाचक वाक्य) :-

बनाने के नियम --

(1) सर्वप्रथम प्रश्न सूचक सर्वनाम / क्रिया विशेषण when, where, who, why आदि

(2) फिर can/may

(3) फिर कर्ता Subject

(4) फिर मुख्य क्रिया प्रथम रूप मे ज्यों की त्यों

(5) फिर कर्म object

रखते है।

जैसे-

When may I come in?

मैं अन्दर कब आ सकता हूँ?

याद रखिये -

(1) Can/ May के साथ मुख्य क्रिया प्रथम रूप मे es, या ies नहीं लगाते

(2) Can/ May प्रत्येक वचन कर्ता के साथ प्रयोग किये जाते हैं।

(D) Negative Sentence (निषेधात्मक वाक्य) :-

बनाने के नियम --

निषेधात्मक वाक्य बनाने मे निषेध सूचक शब्द not/ never का प्रयोग Can /May तथा मुख्य क्रिया के मध्य में होता है।

जैसे-

He can never go with me.

वह मेरे साथ कभी नही जा सकता है।

You may not come in.

तुम अन्दर नही आ सकते हो।

(E) Interrogative Negative Sentences (प्रश्न सूचक निषेधात्मक वाक्य) :- बनाने के नियम --

Interrogative Negative Sentence(प्रश्न वाचक निषेधात्मक वाक्य) बनाने मे निषेध सूचक शब्द Not/Never का प्रयोग कर्ता Subject तथा मुख्य क्रिया के मध्य होता है।

जैसे-

May he not live with me?

क्या वह मेरे साथ नही रह सकता है?

(**F) Double interrogative sentence(द्विगुणितीय प्रश्न सूचक निषेधात्मक वाक्य) :-- बनाने के नियम --**

इस प्रकार के वाक्य बनाने मे कर्ता Subject तथा मुख्य क्रिया के मध्य। निषेध सूचक शब्द Not / Never का प्रयोग किया जाता हैं।

जैसे-

What may I not do?

मैं क्या नहीं कर सकता हुँ।?

CHART-III

Present Indefinite Tense-USE OF HELPING VERBS

(is, am, are, can, may, has, have)

Verb	Affirmative Sentence	Negative Sentence	Interrogative Sentence	Interrogative Negative Sentence	Double Interrogative Sentence	Double Interrogative Negative Sentence
is	It is a bat यह एक बल्ला है	It is not a bat यह एक बल्ला नही है	Is it a bat? क्या यह एक बल्ला है?	Is it not a bat? क्या यह एक बल्ला नही है?	Why is it a bat? यह एक बल्ला क्यों है?	Why is it not a bat? यह एक बल्ला क्यों नहीं है?
am	I am a boy मै एक लड़का हूँ	I am not a boy मै एक लड़का नही हूँ	Am I a boy? क्या मै एक लड़का हूँ?	Am I not a boy? क्या मै एक लड़का नही हूँ?	How am I a boy? मै एक लड़का कैसे हूँ?	How am I not a boy? मै एक लड़का कैसे नही हूँ?
are	They are girls वे लडकियाँ है	They are not girls वे लडकियाँ नहीं है	Are they girls? क्या वे लडकियाँ है?	Are they not girls? क्या वे लडकियाँ नही है?	Why are they girls? वे लडकियाँ क्यों है ?	Why are they not girls? वे लडकियाँ क्यों नही है ?
has	He has a pen उसके पास एक कलम है	He has not a pen उनके पास एक कलम नही है	Has he a pen? क्या उनके पास एक कलम है ?	Has he not a pen? क्या उनके पास एक कलम नही है ?	Why has he a pen? उनके पास एक कलम क्यों है ?	Why has he not a pen? उनके पास एक कलम क्यों नही है ?
have	They have a cow उसके पास एक गाय है	They have not a cow उसके पास एक गाय नही है	Have they a cow? क्या उसके पास एक गाय है?	Have they not cow? क्या उसके पास एक	Why have they cow? उसके पास एक गाय क्यों है?	Why have they not cow? उसके पास एक गाय क्यों नही है?

				गाय नही है?		
can	I can read मै पढ़ सकता हूँ	I can not read मै पढ़ नही सकता हूँ	Can I read? क्या मै पढ़ सकता हूँ?	Can I not read? मै क्या पढ़ नही सकता हूँ?	What can I read? मै क्या पढ़ सकता हूँ?	What can I not read? मै क्या पढ़ नही सकता हूँ?
may	You may go तुम जा सकते हो	You may never go तुम कभी नही जा सकते हो	May I come? क्या मै आ सकता हूँ ?	May I never come? क्या मै कभी नही आ सकता हूँ ?	How may I come? मै कैसे आ सकता हूँ ?	How may I never come? मै कैसे कभी नही आ सकता हूँ ?

Chapter – 3.2
Present Indefinite Tense - Imperative Sentence
(वर्तमान सामान्य काल-. आज्ञा सूचक वाक्य)

Imperative Sentence (आज्ञा सूचक वाक्य) :-

वह वाक्य है जिसमें आदेश, राय, प्रार्थना आदि पाये जाते हैं।

जैसे-

Bring water (Order)

पानी लाओ (आदेश)

Give up smoking(Advise)

धूम्र पान त्यागो (राय)

Please help me (Request)

कृपया मेरी सहायता कीजिए (प्रार्थना)

पहचान -

वाक्य के अन्त मे 'ओ' या ' ए ' अक्षर आते है।

बनाने के नियम :-

एसे वाक्यो मे अंग्रेजी अनुवाद करने में

(1) सर्वप्रथम मुख्य क्रिया Principal verb प्रथम

(2) फिर कर्म object रखते हैं।

जैसे:-

Go home,

घर जाओ

Please do my work

कृपया मेरा कार्य कीजिए

Always learn your lesson

सदा अपना पाठ याद करो

याद कीजिए-

(1) Imperative Sentence मे second person (मध्यम व्यक्ति) छिपा रहता है, लिखा नही जाता। मुख्य क्रिया मे s, es या ies नही लगाते।

(2) प्रार्थना वाले भाव में Please or kindly (कृपया) Principal verb से पूर्व या वाक्य "के "अन्त में लगाते है ।

(3) First person (उत्तम पुरुष) तथा Third person (अन्य पुरुष) के साथ

(I) सर्वप्रथम Let

(II) फिर उत्तम पुरूष या अन्य पुरुष का objective case कर्म कारक का Pronoun सर्वनाम

(III) फिर मुख्य क्रिया प्रथम रूप में ज्यों का त्यों रखते हैं।

जैसे –

Let me sleep quietly

मुझे चुप चाप सोने दो

Kindly let me do my work

कृपया मुझे अपना कार्य करने दीजिए

Imperative Negative sentence (अज्ञासूचक निषेधात्मक वाक्य) : -

वह वाक्य जिसमें आज्ञा सूचक अवस्था के साथ साथ निषेधात्मक शब्द Do Not / Never का भी प्रयोग पाया जाता है।

जैसे-

(1) Do not go there

वहां मत जाओ

(2) Let him never go out

उसको कभी बाहर मत जाने दो

(3) Please do not tease him

कृपया उसको न सताइये

बनाने के नियम:-

(I) आज्ञा सूचक वाक्य से पूर्व निषेधात्मक शब्द Do Not / Never का प्रयोग करते हैं।

जैसे-

Do not go out

बाहर मत जाओ।

Never tell lie

कभी झूठ मत बोलो

(II) Let वाले Imperative Negative sentences मे

- ☐ सर्वप्रथम Do Not शब्द का प्रयोग Let से पहले करते है
- ☐ फिर Let शब्द का प्रयोग करते हैं।

जैसे-

Do not let him waste his time

उसको समय बर्बाद मत करने दो ।

नोट --

अकेले Do के बिना Not /Never निषेधात्मक शब्दो का प्रयोग Let वाले Imperative Negative sentence में objective case, first Person / Third Person तथा Principal verb के मध्य होता है

जैसे-

(1) Let him not to do his work today

आज उसको अपना काम न करने दो

(2) Please let him never go out

कृपया उसको कभी बाहर न जाने दीजिए।

CHART – IV

Present Indefinite Tense- IMPERATIVE SENTENCE

(सामान्य वर्तमान काल- आज्ञा सूचक। वाक्य)

Sentence (वाक्य)	**Rule for translation (अनुवाद का नियम)**	**उदहारण Hindi (हिन्दी)**	**Example English (अंग्रेजी)**
Imperative sentence आज्ञासूचक वाक्य	(1) सर्व प्रथम मुख्य क्रिया Principal first form ज्यों का त्यों (2) फिर object रखते है	(1) घर जाओ (2) कृपया अपना कार्य कीजिए	(1) Go home. (2) Please do your work.
Imperative Negative sentence आज्ञासूचक वाक्य निषेधात्मक वाक्य	Do Not/Never की प्रयोग मुख्य क्रिया प्रथम रूप से पूर्व होता है	(1) अधिक मत सोचो (2) अधिक मत सोओ (3) कृपया अपना समय कभी नष्ट न कीजिये	(1) Do not think more (2) Do not sleep much (3) Please never waste your time
Imperative sentence with let 'Let' वाला आज्ञा सूचक वाक्य	सर्व प्रथम Let का प्रयोग किया जाता है	(1) मुझे अपना कार्य करने दो (2) उसे चुपचाप सोने दो	(1) Let me do my work (2) Let him sleep quietly
Imperative Negative sentence with let 'Let' वाला आज्ञा सूचक निषेधात्मक वाक्य	Do Not 'Let' से भी पूर्व आता है अकेला Do के बिना Not / Never का प्रयोग मुख्य क्रिया से पूर्व होता है	(1) उसे मत सोने दो (2) कृपया उसे कभी शोर न मचाने दो	1) Let him not sleep (2) Please us him never make a noise

Chapter – 3.3
Present Continuous Tense
(अपूर्ण वर्तमान काल)

Present Continuous Tense अपूर्ण वर्तमान काल: -

वह काल है जिसमें मौजूदा समय में किसी काम को जारी रहना पाया जाता है।

जैसे -

I am going,

मैं जा रहा हूँ।

सहायक क्रियाऐ :- is/am/are हैं।

एक वचन कर्ता के साथ is एवं I के साथ am और बहुवचन कर्ता के साथ तथा you के साथ are का प्रयोग होता हैं।

पहचान:-

इस काल के वाक्यों के अन्त में "रहा है" "रही है" "रहे है" "रहा हूँ" आदि शब्द आते हैं।

(1) Affirmative Sentence (निश्चयात्मक वाक्य):-

बनाने के नियम: -

1. सर्व प्रथम कर्ता subject
2. फिर कर्ता के अनुसार सहायक क्रिया is/am/are
3. फिर मुख्य क्रिया प्रथम रूप में ing लगाकर
4. फिर कर्म object रखते है।

जैसे:- He is sleeping

वह सो रहा है।

She is doing her work

वह अपना काम कर रही है।

(2) Affirmative Negative Sentence(निश्चयात्मक निषेध सूचक वाक्य):-

निषेधात्मक वाक्य बनाने में निषेध सूचक शब्द not/ never का प्रयोग सहायक क्रिया is/am/are तथा मुख्य क्रिया प्रथम रूप में ing के साथ के बीच में करते हैं।

1. सर्वप्रथम कर्ता subject
2. फिर कर्तानुसार सहायक क्रिया
3. फिर निषेध सूचक शब्द not/never
4. फिर मुख्य क्रिया प्रथम रूप में +ing के साथ
5. फिर कर्म object

जैसे -

I am not going out

मै बाहर नहीं जा रहा हूँ।

(3)Interrogative Sentences (प्रश्नवाचक वाक्य) :-

बनाने के नियम: -

1. कर्ता के अनुसार सर्व प्रथम सहायक क्रिया is /am /are
2. फिर कर्ता subject
3. फिर मुख्य क्रिया प्रथम रूप में ing लगाकर
4. फिर कर्म object रखते हैं

जैसे –

Am I going out?

क्या मैं बाहर जा रहा हूँ?

Is he going to school?

क्या वह स्कूल जा रहा हूँ?

(4) Interrogative Negative Sentences (प्रश्नवाचक निषेधात्मक वाक्य) :-

ऐसे वाक्य बनाने में निषेध सूचक शब्द not/ never का प्रयोग कर्ता तथा मुख्य क्रिया के बीच में करते हैं।

1. सर्व प्रथम कर्तानुसार सहायक क्रिया
2. फिर कर्ता subject

3. फिर निषेध सूचक शब्द not/never
4. फिर मुख्य क्रिया प्रथम रूप में ing के साथ
5. फिर कर्म object रखते हैं

(5) Double Interrogative Sentences(द्विगुणित प्रश्नवाचक वाक्य):-

बनाने के नियम :-

(1) सर्वप्रथम - > who, whom, what, where, which, why, आदि प्रश्न सूचक सर्वनाम / क्रिया विशेषण शब्दो को रखते हैं।
(2) फिर - कर्तानुसार सहायक क्रिया
(3) फिर - कर्ता subject
(4) फिर - मुख्य क्रिया प्रथम रूप ing के साथ
(5) फिर - कर्म object रखते है

जैसे-

Why are you making noise?

तुम शोर क्यों मचा रहे हो?

(6) Double Interrogative Negative Sentences (द्विगुणित प्रश्नवाचक निषेधात्मक) :-

बनाने के नियम: -

(1) सर्वप्रथम - > who, whom, what, where, which, why, आदि प्रश्नसूचक सर्वनाम / क्रिया विशेषण शब्दो को रखते हैं।

(2) फिर - कर्तानुसार सहायक क्रिया

(3) फिर - निषेध सूचक शब्द

(4) फिर - मुख्य क्रिया प्रथम रूप ing के साथ

(5) फिर - कर्म object रखते है

जैसे-

Who is not going in Kanpur?

कानपुर कौन नहीं जा रहा है?

Why are you not going in Lucknow?

तुम लखनऊ क्यों नहीं जा रहे हो?

Why is he not attending office in time?

वह समय पर कार्यालय क्यों नहीं आ रहे हैं?

याद कीजिए -

(1) Principal verb first form के अन्त वाला vowel स्वर वर्ण ing जोड़ने पर हटा दिया जाता है।

जैसे - Come – Coming, Shine - Shinning आदि

(2) यदि किसी क्रिया के अन्त में एक consonant व्यंजन शब्द हो और उस व्यंजन से पूर्व एक ही vowel स्वर वर्ण हो तो ing जोड़ने पर अन्तिम व्यंजन दूना हो जाता है।

जैसे –

Begin - Beginning,

Swim-Swimming &

Run-Running

CHART – V

Present Continuous Tense (अपूर्ण वर्तमान काल)

(नोट - Present Continuous Tense में Principal Verb की first form में ing का प्रयोग होता है।)

Sentence वाक्य	**Rules for translation**	**उदहारण Hindi हिन्दी**	**Example English अंग्रेजी**
(1) Affirmative (निश्चयात्मक)	कर्ता subject कर्तानुसार सहायक क्रिया is /am /are Principal verb first form +ing कर्म object	मैं खाना खा रहा हूँ।	I am eating food.
(2) Negative (निषेधात्मक)	कर्ता subject कर्तानुसार सहायक क्रिया is /am /are निषेधसूचक शब्द not /never Principal verb first form +ing कर्म object	मैं खाना नही खा रहा हूँ। वह घर कभी नही जा रहा हैं।	I am not eating food. He is never going to home.
Interrogative Sentence प्रश्नसूचक वाक्य	कर्तानुसार is /am / are सहायक क्रिया कर्ता Principal verb first form +ing कर्म object	क्या वह खाना खा रहा हैं।	Is he eating food?
Interrogative Negative Sentence प्रश्नसूचक निषेध सूचक वाक्य	निषेध सूचक शब्द Not/ Never का प्रयोग कर्ता तथा Principle verb first form +Ing के बीच होता है।	क्या वह पत्र नही लिख रहा है ?	Is he not Writing letter?
Double Interrogative	Why, when, where, Whose, How, Whom,	तुम इतनी जल्दी खाना	Why are you taking food So

Sentence द्विगुणतीय प्रश्नवाचक वाक्य	Many, Much आदि प्रश्नसूचक शब्दों का प्रयोग सर्वप्रथम करके प्रश्नवाचक वाक्य बनाते हैं।	क्यों खा रहे हो?	early?
Double Interrogative Negative Sentence	Not/ Neverनिषेध सूचक शब्दों का प्रयोग कर्ता तथा Principal verb first form + ing के बीच होता हैं?	तुम खाना क्यों नही खा रहे हो ?	Why are not taking food?

Chapter – 3.6
Present Perfect Tense (पूर्ण वर्तमान काल)

वह काल जिसमे कार्य का मौजूद समय में समाप्त (पूर्ण) होना पाया जाता है। उसे Present Perfect Tense कहते है।

जैसे –

I have completed my work,

मैं अपना कार्य समाप्त कर चुका हूँ।

सहायक क्रिया :-

Present Perfect Tenseकी सहायक क्रियाऐ Has/ Have हैं।

एक वचन कर्ता के साथ Hasतथा बहुवचन कर्ता एवं। तथा You के साथ Have का प्रयोग करते हैं।

पहचान :-

Present Perfect Tense के वाक्य के अन्त मे "चुका है" "चुकी हैं" " चुके" आदि अथवा या है, ई है, ऐ है आदि आते हैं।

जैसे:-

खाना खा लिया है, किताब पढ़ी है स्कूल चला गया है किताब पढ़ चुका हूँ आदि

(i) Affirmative Sentence(निश्चयात्मक वाक्य):-

बनाने के नियम -

(1) सर्वप्रथम कर्ता Subject

(2) फिर कर्तानुसार सहायक क्रिया Has/have

(3) फिर मुख्य क्रिया तृतीय रूप third from रखते हैं।

जैसे - I have taken food मैं खाना खा चुका हूँ।

(ii) Negative Sentences: - निषेधात्मक वाक्य बनाने मे निषेध सूचक शब्द Not / Never का प्रयोग सहायक क्रिया Principal verb third form के बीच में होता है।

जैसे- I has not taken my food मैने अपना खाना नही खाया हैं।

(iii) Interrogative Sentences प्रश्नवाचक वाक्य बनाने-

(1) सर्वप्रथम कर्तानुसार सहायक क्रिया has/ Have

(2) फिर कर्ता subject

(3) फिर मुख्य क्रिया की तृतीय रूप Principal verb Third form

(4) फिर कर्म object रखते हैं।

जैसे- Have you revised your Lesson? क्या तुमने अपना पाठ दुहरा लिया है ?

(iv) Interrogative Negative Sentences: - प्रश्न सूचक निषेधात्मक वाक्य बनाने में Not/ Never का प्रयोग करता तथा Principal verb third form के बीच में होता है।

जैसे- Have you never seen Taj Mahal? क्या तुमने ताजमहल कभी नही देखा है ?

(V) Double Interrogative Sentences: - द्विगुणतीय प्रश्नवाचक वाक्य बनाने मे who, whom, where, what, आदि प्रश्न सूचक सर्वनाम Pronouns / क्रिया विशेषण verb शब्दों को सर्वप्रथम रखकर प्रश्न वाचक - वाक्य- बनाते हैं।

जैसे- why have you come Late? तुम देर से क्यों आए हो?

(vi) Double Interrogative Negative Sentences: - द्विगुणतीय प्रश्नवाचक निषेधात्मक वाक्य बनाने में Not / Never निषेध सूचक शब्दो का कर्ता तथा Principal verb third form मुख्य क्रिया तृतीय रूप के बीच में रखते हैं।

जैसे- why has he not taken his food? उसने खाना क्यों नही खाया है?

CHART – VI

Present Perfect Tense पूर्ण वर्तमान काल

Sentence वाक्य	Rules of Translation अनुवाद के नियम	Hindi (हिन्दी)	English अंग्रेजी
(1) Affirmative निश्चयात्मक वाक्य	(1) सर्वप्रथम कर्ता (2) कर्तानुसार सहायक क्रिया Has/ Have (3) Principal Verb Third form (4) कर्म object	मैं अपनी किताब पढ़ चुका हूँ।	I have read my book.
(2) Negative निषेधात्मक वाक्य	Not Never का प्रयोग तथा Principal verb के बीच में होता है।	उसने सिनेमा कभी नही देखा हैं।	He has never seen cinema.
(3) Interrogative Sentences प्रश्नवाचक वाक्य	(1) सर्वप्रथम कर्तानुसार Has / have सहायक क्रिया (2) कती Subject (3) Principal verb third form (4) कर्म object	क्या उन्होंने अपना कार्य पूरा कर लिया है?	Have why completed now work?
(4) Interrogative Negative Sentences प्रश्न सूचक निषेधात्मक वाक्य	Not / Never का प्रयोग कर्ता तथा Principal verb third form के मध्य होता है।	तुम वहाँ क्यों नही गये थे?	Why have you hot gone Then?
(5) Double Interrogative Sentences द्विगुणतीय प्रश्नवाचक वाक्य	प्रश्न वाचक वाक्य से पूर्व why , when, where, many, How, much, आदि प्रश्न सूचक शब्दों का प्रयोग होता है।	तुम वहाँ क्यों गये थे ?	Why have you There?
(6) Double Interrogative Negative Sentences द्विगुणतीय प्रश्नसूचक निषेधात्मक वाक्य	Not/ Never का प्रयोग कर्ता तथा Principal verb Third form के मध्य होता है।	तुम वहाँ क्यों नहीं गये थे?	Why have you not gone There?

Chapter – 3.7
Present Perfect Continuous Tense

पूर्ण अपूर्ण वर्तमान कालः- वह काल है जिसमे मौजूदा समय में निश्चित या अनिश्चित समय से किसी काम का जारी रहना पाया जाता है।

जैसे-

He has been sleeping for four hours वह चार घंटे से सो रहा है।

याद रखिये -

I - Present perfect continuous Tense मे एक वचन करती के साथ has been तथा बहुवचन कता के साथ have been एवं I और you के साथ भी have been प्रयोग करते हैं।

II - यदि समय निश्चित होता है तो since और अनिशिचत हो तो for का प्रयोग करते हैं

I -> Affirmative Sentences - निश्चयात्मक वाक्य बनाने में

(1) सर्व प्रथम कर्ता

(2) फिर कर्ता के अनुसार सहायक क्रिया has been/ have been

(3) फिर Principal verb First form + ing

(4) फिर कर्म object

(5) फिर होते में समय जब से काम जारी है since/ for के साथ रखते हैं।

जैसे-

I have been playing for two hours मैं दो घन्टे मे खेल रहा हूँ।

-> Negative Sentences - निषेधात्मक वाक्य बनाने मे Not / Never का प्रयोग Has / Have तथा been के बीच में करते हैं।

जैसे- He has not been playing for two hours वह दो घन्टे से नहीं खेल रहा है।

You have Never been your gob since morning तुम सुबह से अपना काम कदापि नही कर रहे हो।

-> Interrogative Sentences - प्रश्नवाचक वाक्य बनाने में -

(1) सर्वप्रथम कर्ता के अनुसार सहायक क्रिया has / Have

(2) फिर कर्ता

(3) फिर been

(4) फिर Principal verb first form + ing

(5) फिर कर्म

(6) तथा अन्त में समय रखते हैं।

जैसे –

Have They been playing Hockey since morning? क्या वे सुबह से हॉकी खेल रहे हैं?

-> Interrogative Negative Sentence - प्रश्नवाचक निषेधात्मक वाक्य बनाने में not / never का प्रयोग कर्ता तथा

Has he not been bathing in the Ganga ji for two hours? क्या वह गंगाजी में दो घन्टे नही नहा रहा है।

-> Double Interrogative Sentences द्विगुणतीय प्रश्नवाचक वाक्य ऐसे वाक्य बनाने में How, who, when, where, whose, आदि प्रश्नवाचक शब्दो को सर्वप्रथम रखकर प्रश्न वाचक वाक्य बनाते है।

जैसे –

आप सुबह से कहाँ खेल रहे थे। Where have you been playing since morning?

-> Double interrogative Negative Sentences: -

द्विगुणतीय प्रशून सूचक निषेधात्मक वाक्य :- ऐसे वाक्य बनाने मे not / never का प्रयोग कर्ता तथा been के बीच में होता है।

जैसे-

why has he not been learning his lesson since morning? वह प्रातः काल से अपना पाठ क्यो नहीं याद कर रहा है?

CHART -V II

Sentence वाक्य	Rule fo Translation अनुवाद का नियम	उदाहरण हिन्दी एवं अंग्रेजी भाषा में
1. Affirmative Sentences निश्चयात्मक	सर्व प्रथम कर्ता कर्तानुसार Has been/Have been Principal verb first form + ing कर्म Time समय	श्याम दो घंटे से स्नान कर रहा है। Shyam has been bathing for two hours
2. Negative Sentences निषेधात्मक	Not/Never का प्रयोग has/have तथा been के बीच में होता है।	वे दो बजे से नहीं पढ़ रहे हैं। Thay have not been reading since two o'clock
3. Interrogative Sentences प्रश्नवाचक	(1) कर्तानुसार सहायक क्रिया has / have (2) कर्ता (3) been (4) Principal verb first form + ing (5) कर्म (6) समय	क्या वह बहुत वर्षो से यहाँ रह रही है? Has he been living here for many years
4. Interrogative Negative Sentences प्रश्नवाचक निषेधात्मक वाक्य	Not / Never का प्रयोग कर्ता तथा been के बीच मे होता है।	क्या वह दो घन्टे से नही पढ़ रहा है ? Has he not been reading for two hours?
5. Double Interrogative Sentences द्विगुणतीय प्रश्नवाचक वाक्य	where, whom, who, whose, where, आदि को सर्वप्रथम रखकर प्रश्नवाचक वाक्य बनाते है ।	मोहन क्यों प्रातः से खेल कूद रहा है why has Mohan been playing since morning
6. Double Interrogative Negative Sentences द्विगुणतीय प्रश्नवाचक वाक्य निषेधात्मक वाक्य	Not / Never का प्रयोग कर्ता तथा been के बीच में होता है।	राम आठ बजे से क्यों नही पढ़ रहा है। why has Ram not been reading since 8 ' O'clock

Difference Between Present Continuous & Present Perfect Continuous Tense

Present Continuous	Present Perfect Continuous
(1) इसमे मौजूदा समय में कोई कार्य सिर्फ जारी रहता है। जैसे- I am sleeping मैं सो रहा हूँ ।	(1) इसमें मौजूदा समय में निश्चित या अनिश्चित समय से किसी काम का जारी रहना रहना पाया जाता है जैसे- I have been sleeping for four hour.
(2) इसकी सहायक क्रिया is /am / are है।	(2) इसकी सहायक क्रियाऐ Has been / Have been है
(3) मुख्य क्रिया प्रथम रूप के अन्त में ing लगाते हैं।	(3) मुख्य क्रिया प्रथम रूप के अन्त मे ing लगाना है।

CHART - VIII

Types of TENSE	Affirmative Sentence	Negative Sentence	Interrogative Sentences	Interrogative Negative Sentences	Double Interrogative Sentences	Double Interrogative Negative
Present indefinite Tense सामान्य वर्तमान काल	I come. मैं आता हूँ ।	I do not come. मैं नहीं आता हूँ ।	Does he run? क्या वह दौड़ता हैं?	Does he not run? क्या वह नहीं दौड़ता हैं?	Why do you run fast? तुम तेज क्यों दौड़ते हों ?	Why do you not run fast? तुम तेज क्यों नहीं दौड़ते हों ?
Present Continuous Tense अपूर्ण वर्तमान काल	I am coming. मैं आ रहा हूँ।	I am not coming. मैं नहीं आ रहा हूँ।	Is he running? क्या वह दौड़ रहा हैं ?	Is he not running? क्या वह नहीं दौड़ रहा हैं?	Why are you running fast? तुम तेज क्यों दौड़ रहे हों ?	Why are you not running fast? तुम तेज क्यों नहीं दौड़ रहे हों?
Present Perfect Tense पूर्ण वर्तमान काल	I have come. मैं आ गया हूँ।	I have not come. मैं नहीं आ चुका हूँ।	Has he run? क्या वह दौड़ चुका हैं ?	Has he not run? क्या वह नहीं दौड़ चुका हैं?	Why have you run fast? तुम तेज क्यों दौडे हों ?	Why have you not run fast? तुम तेज क्यों नहीं दौडे हों ?
Present Perfect Continuous Tense पूर्ण अपूर्ण वर्तमान काल	I have running for two hours मैं दो घन्टे से दौड़ रहा हूँ ।	I have not running for two hours मैं दो घन्टे से नहीं दौड़ रहा हूँ।	Has he been running for two hours? क्या वह दो घन्टे से दौड़ रहा हैं ?	Has he not been running for two hours? क्या वह दो घन्टे से नहीं दौड़ रहा हैं ?	Why have you been running fast for two hours? तुम दो घन्टो से तेज क्यों दौड़ रहे हों ?	Why have you not been running fast for two hours? तुम दो घन्टो से तेज क्यों नहीं दौड़ रहे हों ?

Chapter – 4
Past Tense (भूतकाल)

Past Tense भूतकाल बीते हुए समय को कहते है । जिससे यह ज्ञात होता है कि भूतकाल में कोई काम समाप्त हुआ हो रहा था किसी समय के समाप्त होने से पूर्व हो चुका था अथवा किसी निश्चित/अनिश्चित समय से हो रहा था ।

जैसे -

वह आया ।

He Came..

वह आ रहा था ।

He was coming.

मेरे आने से पूर्व वह खाना खा चुका था ।

He had taken food, before I came.

वह दो बजे से खाना खा रहा था ।

He had been eating food since 2 o'clock.

(A) PAST INDEFINITE TENSE (सामान्य भूतकाल)

Past Indefinite Tense (सामान्य भूतकाल) : -

वह काल है जिसमे भूतकाल मे किसी काम का समाप्त होना पाया जाता है ।

जैसे -

वह यहाँ आया था ।

He came here.

सहायक क्रिया-

Past Indefinite Tense की सहायक किया Did है जो प्रत्येक वचन कर्ता Subject के साथ प्रयोग की जाती है।

पहचान -

Past Indefinite tense के वाक्य में हिन्दी में क्रिया के अन्त में "'था" "ई" "ई थी" "' या था" "' ए थे " आदि अक्षर आते हैं।

(1) Affirmative Sentences (निश्चयात्मक वाक्य) :--

बनाने के नियम -

(1) सर्वप्रथम कर्ता Subject

(2) फिर मुख्य क्रिया का दूसरा रूप Principal Verb Second form

(3) फिर कर्म Object रखते हैं।

जैसे-

Govind went home. गोविन्द घर गया

They killed a lion. उन्होंने एक शेर को मारा

याद रखिये -

(1) Past Indefinite Tense की मुख्य क्रिया Principal verb में ' था ' ' थे 'छिपे रहते हैं अतः इस्तेमाल नही करते ।

जैसे -

He did not come here. वह यहाँ नही आया

(2) Did के प्रयोग होने पर मुख्य क्रिया Principal verb प्रथम रूप First form में ज्यों की त्यों रखते हैं।

जैसे -

Did he not come here? क्या वह यहाँ नहीं आया?

(2) Negative Sentences (निषेधात्मक वाक्य) :-

बनाने के नियम ---

(a) Negative Sentence निषेधात्मक वाक्य बनाने में not निषेध सूचक शब्द का प्रयोग सहायक क्रिया did और मुख्य क्रिया प्रथम रूप Principal verb first form के मध्य करते हैं।

(b) निषेधात्मक वाक्य मे Never का प्रयोग कर्ता Subject तथा मुख्य क्रिया द्वितीय रूप Principal verb second form के मध्य होता है। इसमें Did का प्रयोग नहीं होता है।

जैसे -

He never came to me,

वह मेरे पास कभी नही आया. ।

(3) Interrogative Sentence (प्रश्नवाचक वाक्य) :-

बनाने के नियम --

ऐसे वाक्य बनाने के लिए -

(1) सर्वप्रथम सहायक क्रिया did

(2) फिर कर्ता Subject

(3) फिर मुख्य क्रिया प्रथम रूप में Principal Verb First Form

(4) फिर कर्म Object रखते हैं।

जैसे-

क्या वह यहाँ आया था?

Did he come here?

(4) Interrogative Negative Sentences(प्रश्न वाचक निषेधात्मक वाक्य) :-

बनाने के नियम --

ऐसे वाक्य बनाने में निषेधसूचक शब्द Not/ Never का प्रयोग कर्ता Subject तथा मुख्य क्रिया प्रथम रूप Principal Verb First Form के मध्य होता है।

जैसे-

क्या उसने खाना नहीं खाया?

Did he not take food?

क्या तुम कभी हाकी नहीं खेलें?

Did you never play hockey?

(5) Double Interrogative Sentences (द्विगुणतीय प्रश्न वाचक वाक्य) :-

बनाने के नियम --

सामान्य भूतकाल में द्विगुणतीय प्रश्नवाचक वाक्य बनाने मे what, who, when, why, where, whose, whom आदि प्रश्नसूचक सर्वनाम आदि शब्दो को सर्वप्रथम रखकर फिर प्रश्नसूचक सर्वनाम आदि शब्दों दो सर्वप्रथम रखकर फिर प्रश्नवाचक वाक्य ज्यों का त्यों रख देते है।

(1) सर्वप्रथम प्रश्नसूचक सर्वनाम / क्रिया विशेषण

(2) फिर सहायक क्रिया did

(3) फिर कर्ता Subject

(4) फिर मुख्य क्रिया प्रथम रुप Principal Verb first form

(5) फिर कर्म Object रखते है।

जैसे-

कल रात आप कहाँ गये थे ?

Where did you go last night?

(6) Double Interrogative Negative Sentences (द्विगुणतीय प्रश्न वाचक निषेधात्मक वाक्य) :-

बनाने के नियम ---

एसे वाक्य बनाने मे निषेध सूचक शब्द not/ never का प्रयोग कर्ता Subject तथा मुख्य क्रिया प्रथम रूप Principal Verb First Form के मध्य होता है ।

(1) सर्वप्रथम प्रश्न सूचक सर्वनाम

(2) फिर सहायक क्रिया did

(3) फिर कर्ता Subject

(4) फिर निषेधसूचक शब्द Not/ Never

(5) फिर मुख्य क्रिया प्रथम रूप Principal Verb First Form

(6) फिर कर्म Object रखते हैं।

जैसे- वह यहाँ क्यो नहीं आया?

Why did he not come here?

CHART - IX

Sentence वाक्य	**Rules of Translation अनुवाद के नियम**	**उदाहरण हिन्दी**	**Example English**
Affirmative Sentence निश्चयात्मक वाक्य	(1) कर्ता Subject (2) Principal verb Second form (3) कर्म object	मैने उसको देखा ।	i saw him.
Negative Sentence निषेधात्मक वाक्य	Not / Never का प्रयोग आवश्यक है।	मैने उसे नही देखा।	I did not see him.
Interrogative Sentence प्रश्नवाचक वाक्य	(1) सर्वप्रथम क्रिया Did (2) कर्ता (3) Principal verb first form (4) कर्म	क्या वह यहाँ आया था?	Did he come here?
Interrogative Negative Sentence प्रश्न सूचक निषेधात्मक वाक्य	कर्ता तथा Principal verb first form के मध्म Not / Never का प्रयोग करते है।	क्या वह यहाँ नही आया था?	Did he not come here?
Double Interrogative sentence द्विगुणतीय प्रश्नवाचक वाक्य	Interrogative sentence से पूर्व why, where, how, who आदि प्रश्न सूचक शब्दों को रखते हैं।	वह वहाँ क्यों गया था?	Why did he go there?
Double Interrogative Negative sentence द्विगुणतीय प्रश्नसूचक निषेधात्मक वाक्य	कर्ता तथा Principal verb first form के मध्य निषेधसूचक शब्द Not/ Never के रखते है	वह वहाँ क्यों नही गया था?	Why did he not go there?

Note - Did सहायक क्रिया के साथ Principal Verb first form का प्रयोग होता है

Chapter – 4.1
Past Indefinite Tense.
(1) Past Indefinite Tense में was & were, etc.का प्रयोग. (1) Use of Was and Were:-

(1) was & were का प्रयोग Past Indefinite Tense में Incomplete एक single शब्द है। verbs अपूर्ण क्रियाओ के रूप में होता है।

(2) एक वचन कर्ता तथा । के साथ was एवं बहुवचन कर्ता तथा you के साथ were का प्रयोग किया जाता है।

पहचान :-

इन वाक्यों के अन्त में" था" "थी" "थे" आदि अक्षर आते हैं।

(1) Affirmative Sentences (निश्चयात्मक वाक्य) :-

बनाने कें नियम-

(i) सर्वप्रथम कर्ता Subject

(ii) फिर कर्तानुसार अपूर्ण क्रिया was / were

(iii) फिर subjective complements कर्ता प्रधान पूरक शब्द रखते हैं।

जैसे-

वह उसकी कलम थी।

That was his Pen.

कल मैं घर पर था।

I was at home yesterday or yesterday, I was at home

(2) Negative Sentences (निषेधात्मक वाक्य) :-

बनाने के नियम --

ऐसे वाक्य बनाने मे निषेधात्मक शब्द Not / Never का प्रयोग was/were तथा कर्ता प्रधान पूरक के मध्य होता है।

जैसे -

वह कभी अच्छा विद्यार्थी नहीं था।

He was never a brilliant student

इस समय कल तुम घर पर नहीं थे।

you were not at home yesterday at this time

(3) Interrogative Sentences(प्रश्नवाचक वाक्य) :-

बनाने के नियम-

इन वाक्यों में कर्ता Subject के अनुसार was / were अपूर्ण क्रियाऐ सर्वप्रथम फिर कर्ता तथा फिर कर्ताप्रधान पूरक रखते हैं।

जैसे-

क्या तुम कल घर पर थे?

Were you at home yesterday?

(4) Interrogative Negative sentence(प्रश्नसूचक निषेधात्मक वाक्य) :-

बनाने के नियम --

ऐसे वाक्य बनाने में निषेध सूचक शब्द Not/ Never का प्रयोग कर्ता Subject तथा कर्ता प्रधान पूरक subjective complement के मध्य होता है।

जैसे -

क्या वह उनका कलम नही था?

Was that Pen not his?

क्या वह घर पर नहीं था?

Was he not at home?

(5) Double Interrogative Sentences (द्विगुणित प्रश्नवाचक वाक्य) :-

बनाने के नियम --

ऐसे वाक्य बनाने में what, why, who, where, when, आदि प्रश्नवाचक सर्वनाम / क्रिया विशेषण शब्दो को सर्वप्रथम रखकर प्रश्नवाचक वाक्य बनाते हैं। शब्दों का क्रम वही होगा जो प्रश्न वाचक वाक्य बनाने में होता है।

जैसे-

कल वह कहा था?

Where was he yesterday?

तुम्हारे साथ प्रातः कौन था?

Who was with you in the morning?

(6) Double Interrogative Negative Sentences (द्विगुणित प्रश्नवाचक निषेधात्मक वाक्य) -

बनाने के नियम --

निषेध सूचक शब्द not / never का प्रयोग कर्ता Subject तथा कर्ताप्रधान पूरक के मध्य होता है। और शब्दों का क्रम वही होगा जो द्विगुणित प्रश्न वाचक वाक्य बनाने में होता है।

जैसे -

वह कक्षा में उपस्थित क्यों नही था?

Why was he not present in the class?

(2) Past Indefinite Tense सामान्य भूतकाल में Had. का प्रयोग

(USE OF HAD) ::-

इस काल में Had का प्रयोग मुख्य क्रियाPrincipal Verb की भाँति होता है और उस समय इस Had शब्द का अर्थ "पास था " / " रखता था" आदि भाव का होता है।

जैसे-

उसके पास एक पालतू कुत्ता था।

He had a pet dog.

पहचान -

वाक्य के अन्त मे पास था, रखता था, रखती थी, पास थे, रखते थे आदि शब्द आते हैं।

(1) Affirmative Sentences (निश्चयात्मक वाक्य) :-

बनाने के नियम -

(i) सर्वप्रथम कर्ता Subject

(ii) फिर मुख्य क्रिया Had (प्रत्येक वचन कर्ता के साथ) प्रयोग

(iii) फिर कर्म Object रखते हैं।

जैसे –

मेरे पास एक गाय थी।

I had a cow.

(2) Negative Sentences (निषेधात्मक वाक्य) :-

निषेध सूचक शब्द Not / No / Never का प्रयोग मुख्य क्रिया Had तथा कर्म Object के मध्य होता है।

जैसे -

उसके पास कलम नही था।

He had no pen.

मेरे पास गाय नही थी।

I had no cow.

(3) Interrogative Sentences(प्रश्नवाचक वाक्य) :-

बनाने के नियम -

(I) सर्व प्रथम मुख्य क्रिया Had

(II) फिर कर्ता Subject

(III) फिर कर्म Object रखते हैं

जैसे -

क्या उसके पास घोड़ा था?

Had he a horse?

क्या तुम्हारे पास गाय थी?

Had you a cow?

(4) Interrogative Negative Sentence (प्रश्न सूचक निषेधात्मक वाक्य) : -

No / Not / Never निषेधात्मक सूचक शब्दों का प्रयोग कर्ता Subject तथा कर्म Object के बीच होता है।

जैसे –

क्या उसके पास गाय नही थी?

Had he not a cow? or Had she no cow?

क्या तुम्हारे पास घोड़ा कभी नहीं था?

Had you never a horse?

(5) Double Interrogative Sentences (द्विगुणतीय प्रश्नवाचक वाक्य) :-

बन◌ाने के नियम-

(i) सर्व प्रथम why, How, who, when, where आदि प्रश्न सूचक सर्वनाम / क्रिया विशेषण शब्द

(ii) फिर प्रश्न वाचक वाक्य ज्यों का त्यों रखते है।

जैसे –

तुम्हारे पास कितने पैन थे?

How many pens had you?

तुम्हारे पास एक छड़ी क्यों थी?

Why had you a stick?

(6) Double Intrrogative Negative Sentences (द्विगुणतीय प्रश्नवाचक निषेधात्मक वाक्य) : -

बनाने के नियम -

इन वाक्यों में No/ Not / Never निषेधसूचक शब्दों का प्रयोग कर्ता Subject तथा कर्म Object के मध्य होता है।

जैसे –

तुम्हारे पास छड़ी क्यों नही थी?

Why had you no stick?

(3) Past Indefinite Tense में Could और Might का प्रयोग :-

(use of could and might)

can का Past Tense (second form) could हैं।

may का Past Tense (second form) might है।

पहचान-

वाक्य के अन्त में सका, सकी, सके, सकता था, सकती थी,सकते थे आदि शब्द आते हैं।

(1) Affirmative Sentence: (निश्चयात्मक वाक्य) :-

बनाने के नियम -

(i) सर्वप्रथम कर्ता Subject

(ii) फिर could / might

(iii) फिर मुख्य क्रिया प्रथम रूप Principal verb first form

(iv) फिर कर्म Object रखते है।

जैसे-

वह भोजन कर सकता था।

He could take his food.

तुम एक पेन खरीद सकते थे ।

you might buy a pen.

(यहाँ पर एक सुझाव खरीदने का है अतः might प्रयोग होगा)

(2) Negative Sentences (निषेधात्मक वाक्य) :-

बनाने के नियम-

निषेध सूचक शब्द Not / Never का प्रयोग could / might तथा मुख्य क्रिया प्रथम रूप Principal Verb First Form के बीच होता है।

जैसे –

राम कभी एक रेडियो नही खरीद सका।

Ram could never buy a Radio

(3) Interrogative Sentences (प्रश्नवाचक वाक्य) :-

बनाने का नियम --

इन वाक्यों मे सर्वप्रथम

(i) could / might

(ii) फिर कर्ता Subject

(iii) फिर मुख्य क्रिया प्रथम रूप Principal Verb First Form

(iv) फिर कर्म Object रखते हैं।

जैसे –

क्या तुम घोड़े के साथ दौड़ सकते थे?

Could you run with a horse?

(4) Interrogative Negative Sentences (प्रश्नवाचक निषेधात्मक वाक्य) :-

बनाने के नियम --

निषेध सूचक शब्द Not / Never का प्रयोग कर्ता Subject तथा मुख्य क्रिया प्रथम रूप Principal Verb First Form के मध्य होता है।

जैसे-

क्या वे अपना मकान कभी नही बेच सके ?

Could they never sell their house?

(5) Double Interrogative Sentences (द्विमुणतीय प्रश्नवाचक वाक्य) :-

बनाने के नियम -

(i) How, who, when, why, what, which आदि प्रश्न सूचक सर्वनाम / क्रिया विशेषण शब्दो का प्रयोग सर्व प्रथम रखकर

(ii) प्रश्न वाचक वाक्य ज्यों का त्यों रखते है।

जैसे –

तुम कितने फल खरीद सके?

How many fruits could you purchase?

(6) Double Interrogative Negative Sentences (द्विमुणतीय प्रश्नवाचक निषेधात्मक वाक्य) :-

बनाने के नियम-

इन वाक्यों में निषेध सूचक शब्द Not / Never का प्रयोग कर्ता Subject तथा मुख्य क्रिया प्रथम रूप Principal Verb First Form दे बीच किया जाता है।

जैसे –

मैं क्या नहीं कर सकता था?

What could I not do? or what might I not do?

वह कभी खाना क्यों नहीं बना सकी?

Why could she never cook food?

CHART---X

PAST INDEFINITE TENSE (सामान्य भूतकाल)
USE OF WAS, WERE ,HAD, COULD,/MIGHT

VERB	AFFIRMATIVE SENTENCE	NEGATIVE SENTENCE	INTERROGATIVE SENTENCE	INTERROGATIVE NEGATIVE SENTENCE	DOUBLE INTERROGATIVE SENTENCE	DOUBLE INTERROGATIVE NEGATIVE
Was	She was a good lady	He was not a brilliant boy	Was he a good player of Hockey?	Was he not a good player of Hockey?	Why was he a good player?	Why was he not a good player?
Were	They were good players	They were not good players	Wére they good players?	Were they not good players?	Why were they good players?	Why were they not good players?
Had	I had a Horse.	I had not a Horse.	Had he a Horse?	Had he not a Horse?	Who had 20Horses in his ghudsal ?	Who had not 20 Horses in his ghudsal?
Could	We could run.	We could not run,	Could we run ?	Could we not run?	Why could we run ?	Why couldn't we run?
Might	He might come today.	He might not come today	MIGHT, he go to office today ?	Might he not go to office today?	What might I suggest?	What might I not do ?

Chapter-4.2
Past Continuous Tense (अपूर्ण भूतकाल)

Past continuous Tense अपूर्ण भूतकाल वह काल है जिसमें बीते हुये समय में किसी कार्य/कोई कार्य का जारी रहना पाया जाता है ।

जैसे -

i was going.

मैं जा रहा था ।

They were coming.

वे आ रहे थे।

सहायक क्रिया (Auxiliary Verb/Helping Verb) :-

Past Continuous Tense की सहायक क्रियाऐं was / were हैं। एक वचन कर्ता के साथ एवं । के साथ was एवं बहुवचन कर्ता तथा you के साथ were का प्रयोग करते हैं।

पहचान -

अपूर्ण भूतकाल के वाक्य के अन्त में " रहा था" "रही थी" " रहे थे" आदि शब्द आते हैं ।

(1) Affirmative Sentences: (निश्चयात्मक वाक्य) :-

बनाने के नियम -

(1) सर्वप्रथम कर्ता subject

(2) फिर कर्तानुसार सहायक क्रिया was / were

(3) फिर मुख्य क्रिया प्रथम रूप + ing

(4) फिर कर्म object

रखते हैं।

जैसे -

He was reading his book.

वह अपनी किताब पढ़ रहा था।

They were playing on the flute.

वे बौसुरी बजा रहे थे।

(2) Negative Sentences(निषेधात्मक वाक्य) -

बनाने के नियम --

इन वाक्यों में निषेध सूचक शब्द Not / Never का प्रयोग सहायक क्रिया was/were तथा मुख्य क्रिया प्रथम रूप Principal Verb First Form के साथ(+) ing को लगाकर,के मध्य करते है।

जैसे-

मैं दरवाजा नहीं खोल रहा था ।

I was not opening the door,

वे नहीं दौड़ रहे थे।

They were not running.

(3) Interrogative Sentences(प्रश्न वाचक वाक्य) :-

बनाने के नियम -

(i) सर्वप्रथम कर्तानुसार सहायक क्रिया was/were

(ii) फिर कर्ता Subject

(iii) फिर मुख्य क्रिया प्रथम रूप + ing

(iv) फिर कर्म Object

रखते है।

जैसे-

Was I playing Yesterday?

क्या मैं कल खेल रहा था?

Were they washing their hands?

क्या वे अपने हाथों को धों रहे थे?

(4) Interrogative Negative Sentences (प्रश्नवाचक निषेधात्मक वाक्य) :-

बनाने के नियम -

इन वाक्यों में सर्व प्रथम Not/ Never निषेध सूचक शब्दों का प्रयोग कर्ता Subject तथा मुख्य क्रिया प्रथम रूप Principal Verb First Form + ing के मध्य होता है।

जैसे-

Was he not ploughing the field?

क्या वह अपना खेत नही जोत रहा था?

Were we not bathing in the river?

क्या हम लोग नदी में नहा नही रहे थे?

(5) Double Interrogative Sentences(द्विगुणतीय प्रश्नवाचक वाक्य) :-

बनाने के नियम -

सर्वप्रथम what, why, who, whon, where, which आदि प्रश्नसूचक सर्वनाम / क्रिया विशेषण शब्दो को रखकर प्रश्नवाचक वाक्य के नियम को अपनाते हुए वाक्य बनाते हैं।

जैसे –

Why were you playing there?

तुम वहाँ क्यों खेल रहे थे?

Who was quarreling with the girls?

लड़कियों से कौन झगड़ा कर रहा था?

(6) Double Interrogative Negative Sentences(द्विगुणतीय प्रश्नसूचक निषेधात्मक वाक्य) :-

बनाने के नियम -

इन वाक्यो में निषेध सूचक शब्द Not / Never का प्रयोग कर्ता Subject तथा मुख्य क्रिया प्रथम रूप Principal Verb First Form + ing के मध्य होता है और द्विगुणतीय प्रश्नवाचक वाक्य को बनाने के लिए निर्धारित नियमों का पालन करते हुए उसी क्रम मे ऐसे वाक्यो को बनाते है।

जैसे –

Who was not playing good?

कौन अच्छा नही खेल रहा था?

Why were you not standing there?

तुम वहाँ क्यों नहीं खड़े थे?

CHART XI

Past Continues Tense अपूर्ण भूतकाल

Sentence वाक्य	Rules for Translation अनुवाद के नियम	उदहारण हिन्दी	Example English
Affirmative Sentence निश्चयात्मक वाक्य	(i) कर्ता Subject (ii) कर्तानुसार सहायक क्रिया was / were (iii) मुख्य क्रिया प्रथम रूप + ing (iv) कर्म object	वह घर जा रहा था। तुम खा रहे थे।	He was going to Home. you were eating.
Negative Sentence निषेधात्मक वाक्य	निषेध सूचक शब्द Not / Never का प्रयोग सहायक क्रिया तथा मुख्य क्रिया प्रथम रूप + ing के मध्य होता है।	वह घर नही जा रहो था। तुम खाना नही खा रहे थे।	He was not going to Home. you Never not taking food.
Interrogative Sentence प्रश्नवाचक वाक्य	(i) कर्तानुसार सहायक क्रिया was / were (ii) करता (iii) मुख्य क्रिया प्रथम रूप + ing (iv) कर्म	क्या वह घर जा रहा था ? क्या तुम खाना खा रहे थे?	was he going to home? were you taking food?
Interrogative Negative Sentence प्रश्न सूचक निषेधात्मक	Not / Never निषेध सूचक शब्दो का प्रयोग कर्ता तथा मुख्य क्रिया प्रथम रूप + ing के मध्य होता है।	क्या वह घर नही जा रहा था? क्या तुम खाना नही खा रहे थे ?	was he not going to home? were you not taking food?
Double Interrogative Sentence द्विगुणतीय प्रश्नवाचक वाक्य	Why, where, when, who, how, what आदि प्रश्न सूचक शब्दो का प्रयोग सर्वप्रथम करके प्रश्नवाचक वाक्य बनाते है।	तुम क्यों खा रहे थे ? तुम क्यों खा रहे थे?	why were you eating? What was he eating?

Double Interrogative Negative sentence द्विगुणतीय प्रश्नसूचक निषेधात्मक वाक्य	Not/ Never निषेध सूचक शब्द का प्रयोग कर्ता तथा मुख्य क्रिया प्रथम रूप + ing के मध्य होता है।	तुम क्यों नहीं खा रहे थे? वह क्यों नही खेल रहा था?	why were you not eating? why was he not playing?

CHAPTER – 4.3
Past Perfect Tense पूर्ण भूतकाल

बीते हुए समय में जब दो कार्यों का समाप्त होना पाया जाता है तो प्रथम समाप्त हुए कार्य में Past Perfect Tense पूर्ण भूतकाल तथा बाद वाले मे Past Indefinite Tense सामान्य भूतकाल होता है।

जैसे-

मेरे यहाँ आने से पूर्व वह चला गया था?

He had gone before I came here?

इस वाक्य मे उसके चले जाने का कार्य मेरे आने से पूर्व समाप्त हो चुका था। अतः प्रथम समाप्त होने वाले वाक्य (He had gone) में Past Perfect Tense है तथा बाद में समाप्त होने वाले वाक्य (before I came here) Past Indefinite Tense है।

(i) Auxiliary Verb/ Helping Verb (सहायक क्रिया) :->

Past Perfect Tense की सहायक क्रिया Had है। यह प्रत्येक वचन कर्ता (एक वचन /बहुवचन) के साथ प्रयोग की जाती है।

पहचान- Past Perfect Tense पूर्ण भूतकाल के वाक्य के अन्ते मे हिन्दी मे " चुका था" " चुके" " चुकी थी" अथवा था, थे, थी, "ये थे" "ई थी " आदि शब्द/वर्ण आते हैं।

(1) Affirmative Sentences. (निश्चयात्मक वाक्य) :-

बनाने के नियम -

Past perfect Tense पूर्ण भूतकाल के वाक्य को बनाने के लिये -

(i) सर्वप्रथम कर्ता Subject

(ii) फिर सहायक क्रिया Had

(iii) फिर मुख्य क्रिया तृतीय रूप (Principal Verb Third form)

(iv) फिर कर्म Object रखते है।

जैसे -

उसके स्टेशन पहुँचने से पूर्व गाड़ी छुट चुडी थी।

The train had started before he reached the station

पुलिस के आने से पूर्व चोर भाग चुका था।

The thief had run away before the Police arrived

(ii) शर्त और परिणाम, वाक्य मे यदि बीते समय में पाये जाते है तो शर्त वाले भाग में Past Perfect Tense पूर्ण भूतकाल तथा परिणाम वाले भाग मे would have लगाकर क्रिया का तृतीय रूप Third form लगाते हैं।

जैसे:-

यदि तुमने कठिन परिश्रम किया होता तो तुम सफल हो जाते ।

If you had worked hard, you would have succeeded.

or ,Had you worked hard, you would have succeeded.

नोट - यदि Past Tense में वाक्य मे केवल एक ही कार्य का समाप्त होना पाया जाये तो उस वाक्य में Past Perfect Tense नही होगा। बल्कि Past Indefinite tense होगा।

जैसे –

वह गया था।

He went.

इस वाक्य में जाने का एक कार्य Past मे (भूतकाल) समाप्त हुआ है । अतः Past Indefinite Tense हैं।

(2), Negative Sentences (निषेधात्मक वाक्य) : -

Past Perfect Tense में (पूर्ण भूतकाल में) निषेध सूचक शब्द Not / Never का प्रयोग सहायक क्रिया Had तथा मुख्य क्रिया तृतीय रूप Third Form के बीच में होता है।

जैसे:-

मेरे यहाँ आने से पूर्व कभी नही गया था।

He had never gone before I Came here.

मेरे यहाँ आने से पूर्व, वह कभी नही आया था।

He had never come before I came here.

मेरे सोने से पहले वह खाना नही खा चुका था।

He had not eaten food before I slept

(3) Interrogative Sentences (प्रश्न वाचक वाक्य) : -

पूर्ण भूत काल प्रश्नवाचक वाक्य बनाने के नियमः -

(i) सर्व प्रथम सहायक क्रिया Had

(ii) फिर कर्ता Subject

(iii) फिर मुख्य क्रिया Principal Verb Third form तृतीय रूप

(iv) तथा फिर कर्म Object

रखते हैं।

जैसे –

उसके जाने से पूर्व क्या तुमने खाना खा लिया था?

Had you taken food before he came?

(4) Interrogative Negative Sentences (प्रश्न सूचक निषेधात्मक वाक्य) :-

ऐसे वाक्य बनाने मे निषेध सूचक शब्दो का प्रयोग कर्ता तथा मुख्य किया तृतीय रूप Principal Verb Third Form के बीच में करते हैं।

जैसे –

क्या उसके आने के पूर्व तुम खाना नही खा चुके थे ?

Had you not taken food before he came?

(5) Double Interrogative Sentences (द्विगुणतीय प्रश्नवाचक वाक्य) :-

बनाने के नियम :-

Past Perfect Tense पूर्ण भूतकाल के इन वाक्यो में What, who, How, When, why, where आदि प्रश्नवाचक सर्वनाम/ क्रिया विशेषण शब्दो की अंग्रेजी सर्वप्रथम रखकर प्रश्नवाचक वाक्य की तरह बनाते हैं।

जैसे –

कल मेरे आने से पूर्व आप कहाँ चले गये थे ।

Where had you gone yesterday before I came.

जब मैं तुम्हारे पास गया तब आप आप क्यों चले गए थे ?

Where had you gone when I went to you ?

(6) Double Interrogative Negative Sentences (द्विगुणित प्रश्न सूचक निषेधात्मक वाक्य) ; -

बनाने के नियम ---

निषेध सूचक शब्द Not / Never का प्रयोग कर्ता Subject तथा मुख्य क्रिया तृतीय रूप Principal verb Third form के बीच होता है। और वाक्य D**ouble Interrogative Sentences द्विगुणतीय प्रश्नवाचक वाक्य. के नियम का पालन करते हुए बनाते हैं।**

जैसे-

जब मैं यहां आया तब तुम क्यों नही नहीं चले गए थे ?

Why had you not gone when I came here ?

जब तुमने चोर को देखा तुमने उसको क्यों नही पकड़ लिया था?

Why had you not caught the thief when you saw him?

CHART – XII

PAST PERFECT TENSE पूर्ण भूतकाल

Sentence वाक्य	Rules for Translation अनुवाद के नियम	उदहारण हिन्दी	Example English
Affirmative Sentence निश्चयात्मक वाक्य	(i) कर्ता (ii) सहायक क्रिया Had (iii) मुख्य क्रिया Third form (iv) कर्म (v) फिर सामान्य भूतकाल का वाक्य	मेरे आने से पूर्व वह जा चुका था।	He had gone before I came.
Negative Sentence निषेधात्मक वाक्य	निषेध सूचक शब्द Not / Never का प्रयोग सहायक क्रिया Had तथा मुख्य क्रिया तृतीय रूप के बीच होता है।	मेरे आने से पूर्व वह खाना नही खा चुका था।	He had not taken food before I came.
Interrogative Sentence प्रश्नवाचक वाक्य	(i) सहायक क्रिया Had (ii) कर्ता (iii) principal verb 3rd form (iv) फिर सामान्य भूतकाल का वाक्य	क्या मेरे आने से पूर्व वह जा चुका था।	Had he gone before I came.
Interrogative Negative Sentence प्रश्न सूचक निषेधात्मक वाक्य	निषेध सूचक शब्द Not / Never का प्रयोग कर्ता तथा मुख्य क्रिया तृतीय रूप के बीच होता है।	क्या मेरे आने से पूर्व वह नही जा चुका था ?	Had he not gone before I came?
Double Interrogative Sentence द्विगुणतीय	who, why, what how, when, where, आदि प्रश्न सूचक	मेरे आने से पूर्व वह क्यों चला गया था ?	Why had he gone before I came?

प्रश्नवाचक वाक्य	शब्दो को सर्वप्रथम रखकर फिर करके प्रश्नवाचक वाक्य की तरह नियमो का पालन करते हुए बनाते है।		
Double Interrogative Negative Sentence द्विगुणतीय प्रश्नसूचक निषेधात्मक वाक्य	निषेध सूचक शब्द Not/ Never का प्रयोग कर्ता तथा मुख्य क्रिया तृतीय रूप के मध्य होता है।	मेरे आने से पूर्व वह क्यों नही चला गया था ?	Why had he not gone before I came ?

Chapter – 4.4
Past Perfect Continuous Tense
(पूर्ण अपूर्ण भूतकाल)

- वह काल है जिसमे बीते समय मे किसी काम का किसी निश्चित या अनिश्चित समय से जारी रहना पाया जाता है।
- **जैसे –**
- राम आज दो घंटे से पढ़ता रहा था या (राम आज दो घंटे से पढ़ रहा था)
- Ram had been reading for two hours today.

Difference Between Past Continuous & Past Perfect Continuous

Past Continuous	Past Perfect Continuous
इसमें भूतकाल में सिर्फ कार्य का जारी रहना पाया जाता है। Ram was reading राम पढ़ रहा था	इसमे भूतकाल में निश्चित या अनिश्चित समय से कार्य का जारी रहना पाया जाता हैं। Ram had been reading for two Hours राम दो घंटे से पढ़ रहा था
इसकी सहायक क्रियाए was/were है	इसकी सहायक क्रिया Had been है
Principal verb first form के अन्त में ing लगता है	Principal verb 1st form के अन्त में ing लगता है।
याद कीजिए: - एक वचन कर्ता तथा I के साथ was तथा बहुवचन कर्ता एवं you के साथ were का प्रयोग करते हैं।	याद किजिए: - प्रत्येक वचन कर्ता के साथ Had been का प्रयोग करते हैं।

(1) Affirmative Sentences (निश्चयात्मक वाक्य) :-

बनाने के नियमः -

(i) सर्वप्रथम कर्ता Subject

(ii) फिर सहायक क्रिया Had been

(iii) फिर Principal verb first form + ing

(iv) फिर कर्म Object

(v) तथा फिर समय, जिससे कार्य जारी रखना पता चलता है, for अथवा since के साथ

रखते है। for शब्द का प्रयोग अनिश्चित समय के लिए करते है।

जैसे –

वह दो घन्टे से स्नान कर रहा था।

:He had been bathing for two hours.

नोट - यहाँ पर समय दो घन्टे दिया है किन्तु यह पता नहीं चल रहा है कि कौन से दो घन्टे अर्थात् दो घन्टे प्रातः काल के या सांय काल के अथवा किसी निश्चित समय के बाद दो घन्टे इस अनिश्चतता / असमंजस की स्थित मे for शब्द का प्रयोग समय दो घन्टे से पूर्व किया गया है।

(2) Negative Sentences (निषेधात्यक वाक्य) :-

बनाने के नियम -

निषेध सूचक शब्द Not / Never का प्रयोग सहायक क्रिया Had been के मध्य करते है और वाक्य Affirmative sentences के नियमानुसार ही बनाते हैं।

जैसे:-

रामू चार दिनो से स्कूल नहीं जा रहा था।

Ramu had not been going to school for four days.

(3) Interrogative Sentences (प्रश्न वाचक वाक्य) :-

बनाने के नियमः -

(i) सर्वप्रथम Had शब्द

(ii) फिर कर्ता Subject

(iii) फिर been शब्द

(iv) फिर मुख्य क्रिया Principal verb 1st form + ing

(v) फिर कर्म Object

(vi) फिर समय, for / Since के साथ रखते है ।

जैसे –

क्या तुम सन् 1984 से लगातार सरकारी नौकरी कर रहे थे?

Had you been doing government service continuously since 1984?

(4) Interrogative Negative Sentences (प्रश्नसूचक निषेधात्मक वाक्य) :-

प्रश्नसूचक निषेधात्मक वाक्य बनाने में निषेध सूचक शब्द Not / Never का प्रयोग कर्ता Subject तथा been के मध्य होता है। और वाक्य Interrogative sentences की नियम के क्रमानुसार ही बनाते हैं।

जैसे -

क्या तुम सन् 1984 से लगातार सरकारी नौकरी नही कर रहे थे?

Had you not been doing Government service continuously since 1984?

(5) Double Interrogative Sentences (द्विगुणित प्रश्न व◌ाचक वाक्य) : -

बन◌ाने के नियम :-

(i) सर्वप्रथम प्रश्नसूचक सर्वनाम / क्रिया विशेषण who, where, why, when, which

आदि

(ii) फिर Had शब्द

(iii) फिर कर्ता Subject

(iv) फिर been

(v) फिर Principal verb First form+ ing

(vi) फिर कर्म Object

(vii) अंत में समय for / since शब्द के साथ निश्चित या अनिश्चित का ध्यान रखते हुए

रखते है।

जैसे:-

तुम दो साल से कहाँ रह रहे थे?

where had you been living for two years?

(6) Double Interrogative Negative Sentences (द्विगुणित प्रश्न सूचक निषेधात्मक वाक्य :-

ऐसे वाक्य बनाने मे निषेध सूचक शब्द Not/ Never का प्रयोग कर्ता Subject तथा been शब्द के मध्य होता है। और वाक्य Double Interrogative sentences के क्रमानुसार ही बनाया जाता है।

जैसे-

तुम । पिछले एक सप्ताह से क्लास में क्यों नही आ रहे थे?

Why had you not been attending the class since last week ?

CHART - XIII

sentence वाक्य	**Rules of Translation अनुवाद के नियम**	**Example हिन्दी**	**Example English**
Affirmative Sentence निश्चयात्मक वाक्य	(i) कर्ता Subject (ii) सहायक क्रिया Had been (iii) मुख्य क्रिया प्रथम रूप +ing (iv) कर्म Object (v) समय	वह चार बजे से पढ़ रहा था।	He had been studying since 4'o'clock
Negative Sentence निषेधात्मक वाक्य	Not / Never का प्रयोग Had तथा been मध्य होता है।	वह चार बजे से नही पढ़ रहा था।	He had not been studying since 4'o'clock
Interrogative sentence प्रश्नवाचक वाक्य	(i) Had (ii) कर्ता Subject (iii) been (iv) Principal verb 1st form +ing (v) कर्म Object (vi) समय	क्या वह चार बजे से पढ़ रहा था।	Had he been studying since 4'o'clock?
Interrogative Negative Sentence प्रश्न सूचक निषेधात्मक वाक्य	Not / Never का प्रयोग कर्ता तथा been के मध्य होता है।	क्या वह चार बजे से नही पढ़ रहा था।	Had he not been studying since 4'o'clock?
Double Interrogative sentence द्विगुणतीय प्रश्नवाचक वाक्य	who, why, what how, when, where, आदि प्रश्नसूचक सर्वनाम /क्रिया विशेषण शब्द प्रथम रखकर वाक्य के नियमानुसार बनाते है।	तुम दो दिन से कहाँ रह रहे थे?	Where had you been living for two days?

Double Interrogative Negative sentence द्विगुणतीय प्रश्नसूचक निषेधात्मक वाक्य	Not/ Never का प्रयोग प्राय: कर्ता तथा been के मध्य होता है		वह दो दिन से यंहा क्यों नही आ रहे थे?	Why had he not been coming here for two days?

Note – since शब्द का प्रयोग निश्चित समय के लिए एवम for शब्द का प्रयोग अनिश्चित समय के लिए होता है |

CHART- XIV
PAST TENSE

Past tense	Affirmative Sentence	Negative Sentence	Interrogative Sentences	Interrogative Negative Sentence	Double Interrogative Sentence	Double Interrogative Negative Sentence
Past Indefinite Tense	He come वह आया था	He did not come वह नही आया था	Did He come here? क्या वह यंहा आया था?	Did He never come here? क्या वह यंहा कभी नही आया था	Why did He come here? वह यंहा क्यों आया था	Why he did not come here? वह यंहा क्यों नही आया था
Past continuous Tense	You were going तुम जा रहे थे	You were not going तुम नही जा रहे थे	were You going there क्या तुम वंहा जा रहे थे	were You not going there क्या तुम वंहा नही जा रहे थे	Why were You going there तुम वंहा क्यों जा रहे थे	Why were you not going there? तुम वंहा क्यों नही जा रहे थे
Past Perfect Tense	He had come before you went तुम्हारे जाने से पहले वह आया था	He had not come before you went तुम्हारे जाने पूर्व वह नही आया था	had He come before you left? क्या तुम्हारे आने से पूर्व वह आ चुका था	had He not come before you left? क्या तुम्हारे आने से पूर्व वह नही आ चुका था	Where had he gone before you come. तुम्हारे आने से पूर्व वह कंहा चला गया था	Why had he not come before you come. तुम्हारे आने से पूर्व वह क्यों नही आ चुका था ?
Past Perfect Continuous Tense	I had been walking since morning वह प्रात: काल से टहल रहा था	I had not been walking since morning मै प्रात: काल से टहल रहा हूँ	had I been walking since morning क्या मै प्रात: काल से नही टहल रहा था	had I not been walking since morning क्या मै प्रात: काल से नही टहल रहा हूँ	Why had you been berthing for four hours? तुम चार घंटे से क्यों नहा रहे हो	Why had you not been berthing for four hours? तुम चार दिनों से क्यों नही नहा रहे थे?

CHAPTER – 5
Future Tense (भविष्यकाल)

Future Tense (भविष्य काल) आगे आने वाले समय को कहते हैं जिससे यह मालुम होता है कि कोई कार्य आने वाले समय (भविष्य) में होगा, हो रहा होगा, किसी समय समाप्त हो चुकेगा अथवा किसी निश्चित या अनिश्चित समय तक जारी रहेगा।

जैसे -

(i) We shall take food.

हम खाना खाएंगे।

(ii) We shall be taking food.

हम खाना खा रहे होंगे।

(iii) We shall have taken food by now.

हम अब तक खाना खा चुके होंगे ।

(iv) We shall have been waiting for you for two hours.

हम दो घंटे से तुम्हारी प्रतीक्षा करते रहे होंगे।

वाक्य नंबर (i) में खाने का कार्य होगा।

वाक्य नंबर (ii) में खाने का कार्य जारी रहेगा।

वाक्य नंबर (iii) में अब तक खाने का कार्य समाप्त हो चुकेगा।

वाक्य नंबर (iv) में प्रतीक्षा करने का कार्य दो घंटे तक जारी रहेगा ।

इस प्रकार इस Future Tense भविष्य काल मे भी कार्य की चार अवस्थाएं पाई जाती है । अतः भविष्य काल Future Tense भी चार प्रकार के होते हैं ।

(i) Future Indefinite Tense सामान्य भविष्य काल

(ii) Future Continuous Tense अपूर्ण भविष्य काल

(iii) Future Perfect Tense पूर्ण भविष्य काल

(iv) Future Perfect Continuous Tense पूर्ण -अपूर्ण भविष्य काल

(i) Future Indefinite Tense (भविष्य सामान्य काल) : -

वह काल है जिसमें आने वाले समय में किसी कार्य का होना पाया जाता है अर्थात कोई कार्य भविष्य काल में होगा इसका ज्ञान सामान्य भविष्य काल Future Indefinite Tense कराता है।

जैसे -

वह कल आयेगा।

He will come tomorrow.

सहायक क्रिया (Helping Verb) :-

Future Indefinite Tense की सहायक क्रियाएं shall तथा will है। उत्तम पुरुष first person कर्ता एवं I / we के साथ बहुधा shall का प्रयोग होता है और अन्य पुरुष third person तथा मध्यम पुरुष second person कर्ता के साथ will का प्रयोग होता है।

याद कीजिए -

यदि first person उत्तम पुरुष के कर्ता is we के साथ will शब्द और second Person मध्यम पुरुष, अन्य पुरुष Third Person के साथ Shall शब्द का प्रयोग होगें तो वाक्य का भाव बदल जाता है और वह वाक्य वायदा (Promise) , निश्चय (Determinanten) आदि का भाव प्रकट करता है।

पहचान- future Indefinite Tense सामान्य भविष्य काल के वाक्य के अन्त में "गा" " गी" " गें" आदि अक्षर आते हैं।

(1) Affirmative Sentences (निश्चयात्मक वाक्य) :-

बनाने के नियम :-

(i) सर्वप्रथम कर्ता Subject

(ii) फिर कर्तानुसार सहायक क्रिया shall / will

(iii) फिर Principal verb First Form मुख्य क्रिया प्रथम रूप में ज्यों का त्यों

(iv) फिर कर्म Object/ कर्ता प्रधान पूरक शब्द रखते हैं।

जैसे -

मैं बड़ा आदमी बनूँगा।

I shall be a great man

वह एक कार खरिदेगा

He will purchase a Car

(2) Negative sentence (निषेधात्मक वाक्य) :-

बनाने के नियमः -

निषेध सूचक शब्द Not / Never का प्रयोग सहायक क्रिया shall / will तथा मुख्य क्रिया प्रथम रूप Principal Verb First Form के मध्य करते हैं।

जैसे -

वह घर नही आयेगा

He will not go home.

मैं दूध नही पीयूंगा

I shall not drink milk

(3) Interrogative Sentences (प्रश्नवाचक वाक्य) :-

बनाने के नियम :-

(i) सर्वप्रथम कर्ता के अनुसार सहायक क्रिया shall / will

(ii) फिर कर्ता Subject

(iii) फिर मुख्य क्रिया प्रथम रुप Principal Verb First Form

(iv) फिर कर्म Object/ कर्ता प्रधान पूरक शब्द रखते है।

जैसे -

क्या वह मेरी सहायता करेगा?

Will he help me?

(4) Interrogative Negative sentences(प्रश्न वाचक निषेधात्मक वाक्य) :-

बनाने के नियम --

सामान्य भविष्य काल में निषेधात्मक प्रश्नवाचक वाक्य बनाने के लिये निषेध सूचक शब्द not/ never का प्रयोग कर्ता Subject तथा मुख क्रिया प्रथम रूप Principal Verb First Form के मध्य होता है।

जैसे-

क्या वह कल आगरा नहीं जायेगा?

Will he not go to Agra tomorrow?

(5) Double Interrogative sentences(द्विगुणतीय प्रश्न वाचक वाक्य) :-

बनाने के नियम -

(i) सर्व प्रथम प्रश्न वाचक शब्द -(सर्वनाम / क्रिया विशेषण) why, what, How, when, where आदि रखकर फिर प्रश्न वाचक वाक्य बनाने के क्रमानुसार / नियमानुसार वाक्य बनाते हैं।

जैसे -

तुम कहाँ जाओगे?

Where will you go?

(6) Double Interrogative Negative sentences(द्विगुणतीय प्रश्न सूचक निषेधात्मक वाक्य) :-

बनाने के नियम -

निषेध सूचक शब्द Not / Never का प्रयोग कर्ता Subject तथा मुख्य क्रिया प्रथम रूप Principal Verb First Form के मध्य होता है।

जैसे -

वह आगरा क्यों नही जायेगा?

Why will he not go to Agra?

CHAPR – XV

Future Indefinite Tense

Sentence	Rule for Making Sentence	Example Hindi	Example English
Affirmative Sentence	(i) कर्ता (ii) कर्तानुसार सहायक क्रिया shall / will (iii) मुख्य क्रिया प्रथम रूप (iv) कर्म	मै भोजन करूँगा |	I shall take food.
Negative Sentence	निषेध सूचक शब्द Not/ Never का प्रयोग shall /will तथा principal verb 1st form के मध्य होता है |	वह भोजन नही करेगा |	He will not take food
Interrogative sentence	(i) कर्तानुसार सहायक क्रिया shall / will (ii) कर्ता (iii) principal verb 1st form (iv) कर्म	क्या वह भोजन करेगा ?	will he take food?
Interrogative Negative Sentence	निषेध सूचक शब्द Not/Never का प्रयोग कर्ता तथा principal verb 1st form के मध्य होता है |	क्या वह भोजन नही करेगा?	will he not take food
Double Interrogative Sentence	who what, where, when, How आदि प्रश्नवाचक सर्वनाम / क्रिया विशषण शब्दों का प्रयोग करके प्रश्नवाचक वाक्य बनाते है |	वह कहाँ भोजन करेगा ?	where will he take food?
Double Interrogative Negative Sentence	निषेध सूचक शब्द Not/ Never का प्रयोग कर्ता तथा principal verb 1st form के मध्य होता है |	वह वहाँ भोजन क्यों नही करेगा ?	why will he not take food?

CHAPTER - 5.1
Future Continuous Tense
अपूर्ण भविष्य काल

वह काल है जिसमें आगे आने वाले समय में कार्य का जारी रहना पाया जाता है।

जैसे -

वह जा रहा होगा।

He will be going

सहायक क्रिया -

इस काल की सहायक क्रिया shall be / will be है। first Person उत्तम पुरुष थे कर्ता He we के साथ बहुधा shall beतथा मध्यम पुरुष second Person तथा अन्य पुरुष Third Person के प्रत्येक वचन कर्ताओ के साथ will be शब्द का प्रयोग किया जाता है।

याद कीजिए :-

यदि उत्तम पुरुष first person कर्ता, I / we के साथ will be का प्रयोग और मध्यम पुरुष Second person, अन्य पुरुष Third Person के साथ shall be का प्रयोग होता है, तो वाक्य का भाव बदल जाता है और वह वाक्य वायदा promise तथा Determination निश्चय आदि, भाव प्रकट करता है।

पहचान-

Future Continuous Tense अपूर्ण भविष्य काल के वाक्य के अन्त में ' रहा होगा', ' रही हूँगा', ' रही होगी',' रहे होगी ', आदि शब्द आते है।

(1) Affirmative sentences(निश्चयात्मक वाक्य) :-

बनाने के नियम: -

(i) सर्वप्रथम कर्ता Subject

(ii) फिर कर्तानुसार सहायक क्रिया shall be / will be

(iii) फिर मुख्य क्रिया प्रथम रूप Principal Verb First Form + ing

(iv) फिर कर्म Object रखते है।

जैसे -

नरेन्द स्कूल जा रहा होगा ।

Narendra will be going to school.

(2) Negative Sentence(निषेधात्मक वाक्य) :-

बनाने के नियम --

ऐसे वाक्य बनाने में निषेध सूचक शब्द Not / Never का प्रयोग shall / will तथा be के मध्य होता है।

जैसे -

राम स्कूल नही जा रहा होगा

Ram will not be going in School.

(3) Interrogative Sentence (प्रश्न वाचक वाक्य) : -

बनाने के नियम --

(i) सर्व प्रथम कर्तानुसार सहायक क्रिया shall / will

(ii) कर्ता Subject

(iii) Be

(iv) मुख्य क्रिया प्रथम रूप Principal verb 1st form + ing

(v) कर्म Object रखते हैं।

जैसे-

क्या वह बॉसुरी बजा रहा होगा?

Will he be playing flute.

(4) Interrogative Negative(प्रश्न सूचक निषेधात्मक वाक्य) :-

बनाने के नियम --

निषेध सूचक शब्द Not/ Never का प्रयोग कर्ता Subject तथा be के मध्य करते हैं।

जैसे:-

क्या वह परीक्षा नही दे रहा होगा?

Will he not be appearing the examination?

(5) Double Interrogative Sentences (द्विगुणित प्रश्नवाचक वाक्य) : -

बनाने के नियम --

सर्वप्रथम How, what, when, where, आदि प्रश्न सूचक सर्वनाम / क्रिया विशेषण शब्दो का प्रयोग होता है फिर Interrogative वाक्य के नियमानुसार बनाते हैं।

जैसे -

हम वहाँ पर समय से कैसे पहुंच रहे होगे ।

How shall we be reaching there in time?

(6) Double Interrogative Negative sentences (द्विगुणित प्रश्नवाचक निषेधात्मक वाक्य) :-

बनाने के नियम --

निषेध सूचक शब्द Not / Never का प्रयोग कर्ता Subject तथा be के मध्य होता है। और वाक्य द्विगुणित प्रश्नवाचक वाक्य की तरह बनाते हैं।

जैसे -

मैं वहाँ समय से कैसे नही पहुंच रहा हूँगा?

How shall I not be reaching there in time?

CHART – XVI

Sentence	Rules for making Sentence	Examples Hindi	Examples English
Affirmative sentence	(i) कर्ता (ii) कर्तानुसार सहायक क्रिया shall be /will be (iii) Principal Verb First Form+ing (iv) कर्म Object	इस समय वह सो रहा होगा	He will be sleeping at this time.
Negative Sentence	निषेध सूचक शब्द Not /Never को shall /will तथा be के मध्य रखते हैं	इस समय वह सो नहीं रहा होगा	He will not be sleeping at this time.
Interrogative Sentence	कर्तानुसार सहायक क्रिया shall /will (ii) कर्ता (iii) be (iv) Principal Verb First Form + ing (v) कर्म Object	क्या वह इस समय सो रहा होगा ?	Will he be sleeping at this time ?
Interrogative Negative Sentence	निषेध सूचक शब्द Not/ Never का प्रयोग कर्ता Subject तथा be के मध्य करते हैं	क्या वह इस समय सो नहीं रहा होगा ?	Will he not be sleeping at this time ?
Double Interrogative Sentence	Why , what, which , whose, where, आदि प्रश्न सूचक सर्वनाम/ क्रिया विशेषण को सर्व प्रथम रखकर प्रश्नवाचक वाक्य बनाते हैं	वह इस समय क्यों सो रहा होगा ?	Why will he sleeping at this time ?
Double Interrogative Negative Sentence	निषेध सूचक शब्द Not /Never का प्रयोग कर्ता तथा be के मध्य होता है	वह इस समय क्यों नहीं सो रहा होगा ?	Why will he not be sleeping at this time?

CHAPTER-5.2
Future Perfect Tense (पूर्ण भविष्य काल)

इस काल से हमको इस बात का बोध होता है कि कोई काम आगे आने वाले समय में किसी समय समाप्त दो चुकेगा।

जैसे- He will have solved the question in time. वह समय पर प्रश्न हल कर चुकेगा।

सहायक क्रिया: - future perfect Tense की सहायक प्रयोग होता है। क्रिया में shall have / will have का first person उत्तम पुरुष के कर्ता I / we के साथ shall have तपा second person मध्यम पुरुष / Third person अन्य पुरुष के प्रत्येक वचन कर्ता के साथ will have का प्रयोग होता है।

याद कीजिए: - यदि उत्तम पुरुष कर्ता I / we के साथ will have तथा मध्यम second Person एवं अन्य पुरुष Third person के साथ shall have प्रयोग हो तो वाक्य का भाव बदल जाता है और वह वाक्य promise वायदा,निश्चय commitment आदि का भाव प्रकट करता हैं।

पहचान:- future perfect Tense पूर्व भविष्य काल के वाक्य के अन्त मे "चुकेगें " , " चुकेगा ", " चुका होगा " , " चुके होंगे" आदि शब्द आते हैं।

(1) Affirmative sentences (निश्चयात्मक वाक्य) :-

बनाने के नियम -

(i) सर्वप्रथम कर्ता Subject

(ii) फिर कर्तानुसार shall have / will have

(iii) फिर Principal verb third form मुख्य क्रिया तृतीय रूप

(iv) फिर कर्म Object

रखते है ।

जैसे -

He will have done his work by the evening

वह अपना काम शाम तक कर चुका होगा

I shall have revised my books by the end of January

मै जनवरी के समाप्त होने तक अपनी किताबो का रिवीजन कर चुका हूंगा ।

He will have reached home by now

वह अब घर पहुंच चुका होगा।

याद कीजिए :-

यदि भविष्य काल मे दो कार्य हो तो प्रथम समय होने वाले कार्य मे future perfect Tense होता है और बाद वाला यदि Present Indefinite Tense का होता है । और प्रकाम समाप्त होने वाले कार्य के बुहुतया का future perfect tenseका पहले रखते है और Present Indefinite tense वाक्य को बाद मे

जैसे -

They will have left the before it strikes Ten

.दस बजने से पहले वे जा चुके होंगे / जा चुकेंगे

(2) Negative sentence (निषेधात्मक वाक्य) :-

इस प्रकार के वाक्य बनाने मे निषेध सूचक शब्द Not / Never का प्रयोग shall / will तथा have के मध्य होता है।

जैसे:-

He will not have reached home before tan' o clock

वह दस बजे से पहले घा नही पहुँच पायेगा / चुकेगा।

(3) Interrogative Tenses (प्रश्नवाचक वाक्य) : -

बनाने के नियम -

इस प्रकार के वाक्य बनाने मे -

(i) सर्वप्रथम कर्तानुसार shall / Will

(ii) फिर कर्ता Subject

(iii) फिर have

(iv) फिर Principal verb third form

(v) फिर कर्म Object रखते है।

जैसे-

क्या उसके आने से पूर्व तुम जा चुके होगे।

Will you have gone before he comes?

(4) Interrogative Negative Tenses:(प्रश्न सूचक निषेधात्मक वाक्य): -

बनाने के नियम --

इस प्रकार के वाक्य बनाने में निषेधात्मक शब्द Not / Never का प्रयोग कर्ता तथा haver के मध्य में होता है।

जैसे :-

Will you not have completed your work by the today evening?

क्या तुम आज शाम तक अपना कार्य पूरा नही कर चुके होंगे?

(5) Double Interrogative sentences (द्विगुणतीय प्रश्न वाचक वाक्य) :-

बनाने के नियम --

द्विगुणतीय प्रशवाचक वाक्य बनाने मे who, How, What, when whom आदि प्रश्नवाचक सर्वनाम / क्रिया विशेषण शब्द सर्व प्रथम प्रयोग करके प्रश्नवाचक वाक्य बनाते है।

अर्थात्

(i) सर्वप्रथम प्रश्नवाचक सर्वनाम / क्रिया विशेषण

(ii) फिर कर्तानुसार shall / will

(iii) फिर कर्ता

(iv) फिर have

(v) फिर Principal verb third form मुख्य क्रिया का तृतीय रूप

(vi) फिर कर्म रखते है।

जैसे-

Who will have gone is agar tomorrow by the time?

कल इस समय तक आगरा कौन जा चुका होगा?

(6) Double Interrogative Negative sentence (द्विगुणतीय प्रश्नवाचक निषेधात्मक वाक्य) :-

बनाने के नियम --

इस प्रकार के वाक्य बनाने मे निषेध सूचक शब्द Not / Never का प्रयोग कर्ता तथा Have के मध्य करते है । और शब्दो का क्रम निम्न प्रकार रखते है:-

(i) सर्वप्रथम प्रश्नवाचक सर्वनाम / क्रिया विशेषण

(ii) फिर कर्तानुसार shall / will

(iii) फिर कर्ता

(iv) फिर निषेध सूचक शब्द Not/ Never

(v) फिर Have

(vi) फिर Principal verb Third form

(vii) फिर कर्म रखते है।

जैसे -

कल इस समय तक वह आगरा क्यो नही जा चुकेगा / जा पायेगा?

Why will he not have gone to Agra by tomorrow their time?

CHART -XVII

FUTURE PERFECT TENSE पूर्ण भविष्य काल

Sentence	Rule	Example हिन्दी	Example English
Affirmative	(i) कर्ता (ii) कर्तानुसार सहायक क्रिया shall have / will have (iii) principal verb Third form मुख्य क्रिया तृतीय रूप (iv) कर्म	वह आज शाम तक अपना कार्य समाप्त कर लेगा	He will have completed his work by today evening
Negative	(i) कर्ता (ii) shall / will (iii) Not/Never (iv) Have (v) principal verb third form (vi) कर्म	वह आज शाम तक अपना कार्य समाप्त नही कर पायेगा |	He will not have completed his work by today evening
Interrogative	(i) कर्तानुसार shall / will (ii) कर्ता (iii) Have (iv) principal verb third form (v) कर्म	क्या वह आज शाम तक अपना कार्य समाप्त कर पायेगा ?	Will he have completed his work by today evening?
Interrogative Negative	(i) कर्तानुसार shall / will (ii) कर्ता (iii) निषेध सूचक Not/Never (iv) Have (v) principal verb third form (vi) कर्म	क्या वह आज शाम तक अपना कार्य समाप्त नही कर सकेगा ?	Will he not have completed his work by today evening?

Double Interrogative	(i) प्रश्न वाचक सर्वनाम / क्रिया विशेषण what, why, when, where, who, how आदि (ii) कर्तानुसार shall / will (iii) कर्ता (iv) Have (v) Principal Verb Third Form (vi) कर्म Object	वह आज शाम तक अपना कार्य क्या समाप्त कर चुकेगा ?	Why Will he have completed his work by today evening?
Double Interrogative Negative	निषेध सूचक शब्द Not/ Never का प्रयोग कर्ता तथा have के मध्य करते है | (i) प्रश्न वाचक सर्वनाम/क्रिया विशेषण (ii) कर्तानुसार shall / will (iii) कर्ता Subject (iv) निषेध सूचक शब्द Not/Never (v) Have (vi) Principal Verb Third Form (vii) कर्म Object	वह आज शाम तक अपना कार्य क्यों नहीं कर चुकेगा। ?	Why will he not be completed his work today evening ?

CHAPTER – 5.3
Future perfect continuous Tense
पूर्ण अपूर्ण भविष्य काल

वह काल है जिसमें आगे आने वाले समय मे किसी काम का निश्चित या अनिश्चित समय से (या तक) जारी रहना (Progeny) पाया जाता है।

जैसे -

वह कल प्रातः से आपकी प्रतीक्षा कर रहा होगा?

He will have been be waiting for you since tomorrow morning

अपूर्ण भविष्य काल और पूर्ण अपूर्ण भविष्य काल मे भेद

Difference Between future continuous Tense and future perfect continuous Tense

Future continuous Tense	**Future Perfect continuous Tense**
(I) भविष्य काल मे केवल कार्य का जारी रहना पाया जाता है। He will be coming वह आ रहा होगा।	(I) इसमे भविष्य काल मे कार्य का जारी रहना निश्चित या अनिश्चित काल तथा से पाया जाता है। जैसे - He will have been coming for two dory वह दो दिन के आने का का काम भविष्य काल में समाप्त हो चुकेगा और शेष के हेतु काम जाति बना रहेगा। इस
(II) इसके सहायक क्रियाऐ shall be / Will be होती है ।	(II) इसकी की सहायक क्रियाऐं shall have been / will have been है
(III) Principal verb 1st form के अन्त में ing जुड़े जाता है।	(III) Principal verb first form के अन्त मे ing लगता है।
(IV) याद कीजिए - first person I / we के साथ shall be तथा 3 rd. Person के साथ will be प्रयोग होता हैं।	(IV) first person I / we के साथ shall have been तथा 2nd And 3rd Person के साथ will have been प्रयोग करते है।

(1) Affirmative sentence (निश्चयात्मक वाक्य) :-

बनाने के नियम –

(i) सर्व प्रथम कर्ता Subject

(ii) कर्तानुसार सहायक क्रिया shall have been/will have been

(iii) मुख्य क्रिया प्रथम रुप Principal verb first form + ing

(iv) कर्म Object

(V) समय रखते हैं।

जैसे -

वह दो घन्टे से सो रहा होगा।

He will have been sleeping for two hours.

(2) Negative sentences(निषेधात्मक वाक्य) :-

बन◌ाने के नियम --

निषेध सूचक शब्द Not / Never का प्रयोग shall/will तथा have के मध्य अथवा have तथा been के बीच होता हैं।

(i) सर्व प्रथम कर्ता Subject

(ii) कर्तानुसार सहायक क्रिया shall/will

(iii) निषेध सूचक शब्द Not/Never

(iv) Have

(v) मुख्य क्रिया प्रथम रुप Principal verb first form + ing

(vi) समय , रखते हैं।

जैसे -

वह दो घंटे से नहीं सो रहा होगा।

He will not have been sleeping for two hours

(3) Interrogative Sentence (प्रश्न वाचक वाक्य) :-

प्रश्न वाचक वाक्य बनाने के नियम :-

(i) सबसे पहले कर्तानुसार सहायक क्रिया (Helping verb) shall / will

(ii) फिर कर्ता (subject)

(iii) फिर have been

(iv) फिर Principal verb first Form + ing

(v) फिर कर्म object

(vi) फिर समय

रखते हैं।

जैसे -

क्या मै चार बजे से पढ़ रहा हूँगा।

Shall I have been studying since 4 ' 0' clock?

(4) Interrogative Negative Sentence (प्रश्न वाचक निषेधात्मक वाक्य) :-

बनाने के नियम --

प्रश्नवाचक निषेधात्मक वाक्य बनाने में निषेधसूचक शब्द Not / Never का प्रयोग कर्ता तथा have been के बीच / अथवा Have और been के बीच में करते है। वाक्य बनाने का क्रम निम्न प्रकार से होगा।

(i) सर्वप्रथम कर्तानुसार सहायक क्रिया shall / will

(ii) कर्ता Subject

(iii) निषेध सूचक शब्द Not / Never

(iv) Have been

(v) Principal verb first form + ing

(vi) कर्म object

(vii) समय रखते हैं

जैसे :-

क्या राम और मोहन प्रातः से हाकी नही खेल रहे होंगे?

Will Ram and Mohan, have not been playing Hockey since morning?

क्या वह दो दिन से पेड से आम नहीं तोड़ रहा होगा?

Will he not have been playing heavy form three for two days?

(5) Double Interrogation Sentence (द्विगुणतीय प्रश्नवाचक वाक्य) : ->

बनाने के नियम --

ऐसे वाक्य बनाने मे सर्वप्रथम ' who, whom What, when, where, which आदि प्रश्न सूचक सर्वनान Pronoun / क्रिया विशेषण Adverb शब्दो को रखकर प्रश्न वाचक वाक्य बनाते है । वाक्य बनाने के लिए शब्दो का क्रम निम्न प्रकार रखा जाऐगा ।

(i) सर्वप्रथम प्रश्नवाचक सर्वनाम / क्रिया विशेषण

(ii) कर्तानुसार सहायक क्रिया shall / will

(iii) कर्ता

(iv) Have been

(v), Principal verb first form + ing

(vi) कर्म object

(vii) समय रखते है।

जैसे -

सीता तीनो दिनो से गाना क्यो गा रही होगी?

Why will Sita have been singing the Song for Three days?

(6) Double Interrogative Negative Sentence द्विगुणतीय प्रश्नवाचक निषेधात्मक वाक्य) :-

बनाने के नियम --

ऐसे वाक्य बनाने में निषेध सूचक शब्द Not / Never का प्रयोग कर्ता तथा have been के बीच में या have been के बीच में करते है । और वाक्य द्विगुणतीय प्रश्न वाचक की तरह ही बनाया जाता है। शब्दो का क्रम

(i) सर्वप्रथम प्रश्नवाचक सर्वनाम / क्रिया विशेषण

(ii) कर्तानुसार सहायक क्रिया shall / will

(iii) कर्ता subject

(iv) निषेध सूचक शब्द Not / Never

(v) Have been

(vi) मुख्य क्रिया प्रथम रूप + ing

(vii) कर्म object

(viii) समय रखते है।

जैसे -

Why will you not have been Taking in the morning, both / since 6 '0' clock

CHART XVIII

Future perfect continuous Tense (पूर्ण अपूर्ण वाक्य)

sentence वाक्य	Rule नियम	उदाहरण हिन्दी	उदाहरण अंग्रेजी
Affirmative Sentence	(i) कर्ता (ii) कर्तानुसार सहायक क्रिया shall have been / will have been (iii) Principal verb 1st form + ing (iv) कर्म (v) समय	वह चार बजे से पढ़ रहा होगा।	He will have been reading for four hours
Negative Sentence	निषेध सूचक शब्द Not / Never का प्रयोग shall / will तथा have के बीच करते है अथवा have और be en के बीच करते हैं।	वह चार घंन्टे से नही पढ रहा होगा ।	He will not have been reading for four hours.
Interrogative Sentence	(i) कर्तानुसार Shall / will (ii) कर्ता subject (iii) Have been (iv) Principal verb 1st form + ing (V) कर्म (vi) समय	क्या वह प्रातः से हाकी मैच खेल रहा होगा।	Will he have been playing hockey match since morning?
Interrogative Negative Sentence	निषेध सूचक शब्द Not / Never का प्रयोग कर्ता तथा Have के बीच अथवा Have और been के बीच करते है ।	क्या वह प्रातः से हाकी मैच खेल नही रहा होगा ?	Will he not have been playing hockey match since morning?
Double Interrogative Sentence	Who, How, whom, where, which, आदि प्रश्न सूचक सर्वनाम / क्रिया विशेषण शब्दो को सर्वप्रथम रखकर प्रश्न वाचक वाक्य की तरह बनाते हैं।	वह प्रातःकाल से क्यों हाकी का मैच खेल रहा होगा?	Why will he have been playing Hockey match since morning?
Double	निषेध सूचक शब्द Not/ Never	वह प्रातः से क्यों	Why will he not

Interrogative Negative Sentence	का प्रयोग कर्ता तथा have के बीच अथवा Have और been के मध्य करते हैं।	नही खेल रहा होगा?	have been playing since morning?

अनिश्चित समय के लिए for और निश्चित समय के लिए since शब्द का प्रयोग करते है ।

CHART- XIX
FUTURE TENSE

TENSE	AFFIRMATIVE SENTENCE	NEGATIVE SENTENCE	INTERROGATE SENTENCE	INTERROGATIVE. NEGATIVE SENTENCE	DOUBLE INTERROGATIVE SENTENCE	DOUBLE INTERROGATIVE NEGATIVE SENTENCE
FUTURE INDEFINITE TENSE	I shall go.	I shall not go.	Shall I go ?	Shall I not go ?	Why shall I go ?	Why shall I not go ?
FUTURE CONTINUOUS TENSE	He will be sleeping.	He will not be sleeping.	Will he be coming?	Will he not be coming ?	Why will he be coming?	Why will he not be coming ?
FUTURE PERFECT TENSE	He will have finished his work by today evening.	He will not have finished this work by today evening	Will he have finished his work by today evening?	Will he have not finished his work by today evening ?	How will they have completed construction work before sample results ?	How will they not have finished their work by today evening ?
FUTURE PERFECT CONTINUOUS TENSE	He will have been waiting you since morning	He will not have been waiting you since morning	Will he have been waiting you since morning?	Will he have not been waiting you since morning?	Why will Sita have been singing the song for there hours ?	Why will you not have been bathing for four days ?

CHAPTER – 6
(1) Use of 'Must' Should & Ought, etc.

हिन्दी भाषा में अंग्रेजी शब्द must, should & ought का अर्थ " चाहिए" होता है। परन्तु इन अंग्रेजी शब्द must should & might का प्रयोग अलग -अलग भावो के लिए अलग -अलग किया जाता है । अघवा मूँ कहे कि इनका प्रयोग अलग- अलग भावों में होता है।

" should " का प्रयोग ' कर्तव्य' " Discretion" आदि भाव के होने पर किया जाता है। "must" शब्द का प्रयोग "आज्ञा" compulsion लाचारी आदि भाव में होता है। "ought" का प्रयोग "कर्तव्य " नैतिकता तथा सदाचार आदि भावों में होता है।

जैसे -

आपको अपने वचन पूरे करने चाहिए ।

you should keep your words.

उसको अपने भाइयो की सहायता करनी चाहिए ।

He ought to help his brothers.

तुमको यह कार्य अवशय करना चाहिए।

You must do this work.

उसे झूठ नही बोलना चाहिए।

He ought not to tell lie.

क्या मुझे गरीबो की मदद करनी चाहिए ?

Should help poors?

याद कीजिए : -

(I) ought के साथ मे " to" का प्रयोग करना चाहिए

(II) ought to, must तथा should के साथ Principal verb Fist form हुबहू ज्यों का त्यों) प्रयोग होता है।

(III) Negative sentence मे Not / Never का प्रयोग ought तथा to के बीच में होता है।

(IV) Negative sentences मे Not / Never का प्रयोग must / Should तथा Principal verb First form के बीच होता है।

(V) प्रश्न वाचक वाक्यों में ' ought, must, Should, का प्रयोग वाक्य मे सर्व प्रथम होता है ।

(2) PECULIER USE OF DO,DOES & DID

जहाँ पर वाक्य के अन्त मे "तो" शब्द जोड दिया जाता है। " तो " शब्द के लिए Present Tense में कर्ता के अनुसार Do / Does का प्रयोग करते है । तथा Past Tense में प्रत्येक वचन कर्ता के साथ " Did" का प्रयोग करते है।

जैसे-

मै जाता तो हूँ।

I do go

वह खाना खाता तो है।

He does eat food.

उन्होंने मुझे बुलाया तो था।

He did Call me

तुम सोते तो हो ।

you did sleep.

याद कीजिए -

" तो " शब्द वाक्य मे यदि आता है तो Present Tense मे कर्ता एकवचन के साथ Does और बहुवचन करत के साथ " Do" का प्रयोग करते है और वाक्य Present Indefinite Tense के अनुसार बनाते है I Past Tense में एक वचन कर्ता के साथ और बहुवचन कर्ता के साथ (प्रत्येक वचन कर्ता के साथ) " Did " का प्रयोग करते हैं।

(3) USE OF THERE and" IT

Students can learn the use of "there" &" it " by observing the following few examples.

निम्न उदाहरण का अध्ययन करके विद्यार्थी "there" &" it" का प्रयोग कहां / कैसे करते हैं , समझा जा सकता है :-

(i) There are ten Mangoes in my garden.

मेरे बाग मे दस आम के पेड़ है।

(ii) How many rupees are there in your pocket?

तुम्हारी जेब मे कितने रुपए है?

(iii) Is it too cold today?

क्या आज बहुत सर्दी है ?

उपरोक्त सभी वाक्यों में प्रारम्भ मे ' शब्द " There " या " It " आ रहा है किन्तु हिन्दी अनुवाद करने पर there / it का अर्थ लिखा नही जा रहा है। अर्थात् ऐसे वाक्य जहाँ कर्ता Subject छिपा रहता है There / It से वाक्य प्रारम्भ करते है

याद कीजिए - (1) There का प्रयोग introductory adverb की तरह तथा It का प्रयोग Personal Pronoun की तरह होता है ।

(4) USE OF WHO , WHEN & WHILE

(i) Who :-

' "Who" ' is an adjective / relative Pronoun word and is often introduced by the relative Pronoun.

"Who" एक विशेषण/सम्बन्ध वाचक सर्वनाम है। इस शब्द " who " का प्रयोग अक्सर सम्बन्धित सर्वनाम को परिचय देने के लिए प्रयोग किया जात है।

जैसे:-

यह कौन है।

Who is he?

(ii) When :-

When शब्द का प्रयोग, ऐसी कोई घटना जो Action (घटना) भूतकाल में घटित हो चुका होता है। उसको व्यक्त करने के लिए when का प्रयोग अक्सर किया जाता है। और उसी बीच दूसरा action कुछ उसी तरह का भी घटित हो जाए तो ऐसे वाक्यों का अंग्रेजी में अनुवाद करने के लिए वाक्य का प्रथम भाग past Continous tense की तरह बनाया जाएगा और शेष भाग past Indefinite Tense ki tarah बनेगा।अथवा भविष्य में संभावित किसी घटना की जानकारी करने के लिए भी when शब्द का प्रयोग किया जाता है।

" When" is a relative pronoun word and is used to express any action , happened in the past. Or simultaneously another action of same nature happened then first part of sentence is made as past Continuous Tense while another , is.made as Past Indefinite Tense.

जैसे -

वह कब बाजार से आएगा

When will he go to the Market

जब घंटी बजी तब वह नहा रहा था।

When the bell rang, I was taking bath.

जब मैंने उसे देखा तब वह रो रही थी

When I saw her ,she was weeping.

(iii) WHILE:-

सामान्यतः WHILE शब्द का प्रयोग भूतकाल में हुए दो या तीन अथवा अधिक action को connect जोड़ने के लिए किया जाता है।

Generally " WHILE " is used to connect sentences during two or more actions that were happening in the Past.

जैसे --

मैं एक पुस्तक पड़ रहा था जबकि मोहन पत्र लिख रहा था ।

I was reading a book while Mohan was writing a letter.

वह गाना गा रही थी जबकि उसका भाई तबला बजा रहा था।

She was singing a song while her brother was playing TABLA.

उपरोक्त के अतिरिक्त ऐसे वाक्य जहां पर क्रिया Verb की आवृत्ति frequency एक से अधिक बार आती है किन्तु वाक्य में जब/जबकि शब्द का प्रयोग नहीं होता है वहां पर भी अंग्रेजी अनुवाद करते समय " WHILE" शब्द का प्रयोग किया जाता है।

WHILE word is used before the verb of the sentence, Past Continueous Tense and remaining part of such sentence is made as PAST INDEFINITE TENSE.

जैसे --

डॉक्टर के जांच करते करते, मरीज मर गया।

Patient died while.doctor was examining to him

सुरेन्द्र पढ़ते पढ़ते सो गया।

Surendra fell asleep, while reading.

NOTE--

(1) Repetition of (words.) verb -- Emphasizes the action.

(2) ऐसे वाक्य जहां पर शब्द का repetition तो होता है किन्तु वह शब्द verb नहीं होता है तो वहां पर while शब्द का प्रयोग नहीं होता है।

जैसे --

जैसे जैसे हवा तेज होती गई , अंधेरा गहराता गया।

It was getting darker ,the wind was raising high.

CHAPTER – 7
Habitual Action

(1) Habitual Action in Present Tense

वर्तमान समय में किसी कार्य को करने की आदत पाई जाती है तो एसे वाक्यो को

Present Indefinite Tense की तरह से बनाया जाता है।

ऐसे वाक्य जो सर्व भौमिक सत्य universal Truth होते है Present Indefinite Tense सामान्य वर्तमान काल की तरह बनाते है।

जैसे -

पृथ्वी सूर्य के चारों ओर घूमती है।

Earth moves around the sun

सूर्य पूर्व मे उगता है।

Sun rises in the East.

चिडियाँ उड़ती हैं।

Birds fly

चन्द्रमा रात्रि मे चमकता है।

Moon shines in the night.

(2) Habitual Action in Past Tense

भूतकाल में किसी कार्य करने की आदत, यदि पायी जाती है तो ऐसे वाक्यो में Past indefinite Tense प्रयोग करते है तथा कर्ता Subject के बाद used लगाकर मुख्य क्रिया प्रथम रूप Principal Verb First Form में रखते हैं।

जैसे-

वह नित्य खेला करता था ।

He used to play daily

वे आपस में लड़ा करते थे।

They used to quarrel together.

मैं सुबह पूजा किया करता था।।

I used to worship in the morning.

CHAPTER – 8
(1) Use of "Made Of" & "Made From" etc.

MADE OF:-

Made का अर्थ है - बनाया। अर्थात किसी वस्तु/ भाषा का बनाना। जहां पर फिनिश्ड प्रोडक्ट में प्रयुक्त raw material दिखाई पड़ता है एवं जिस फिनिश्ड प्रोडक्ट से raw material पुनः प्राप्त किया जा सकता है वहां पर मेड ऑफ Made Of का प्रयोग होता है ।

जैसे --

Chair is made of wood.,

स्पष्ट हैं कि कुर्सी लकड़ी से बनी है । लकड़ी दिखाई पड़ रही है । कुर्सी को तोड़कर पुनः लकड़ी प्राप्त की जा सकती है । अतः मेड ऑफ Made Of का प्रयोग होगा।

Made From --

जहां पर फिनिश्ड प्रोडक्ट में प्रयुक्त raw material दिखाई नहीं पड़ता है एवं जिस फिनिश्ड प्रोडक्ट से raw material पुनः प्राप्त नहीं किया जा सकता है वहां पर मेड फ्रॉम Made From का प्रयोग होता है ।

जैसे --

Lemon squash is made from Lemon , sugar and water.

स्पष्ट हैं कि नींबू का शर्बत , नींबू शक्कर और पानी से बनता है । किन्तु raw material न तो दिखाई पड़ता है और न ही पुनः प्राप्त किया जा सकता है । अतः मेड फ्रॉम Made From का प्रयोग होगा।

Cloths are made from cotton.

इसमें भी raw material cotton है जो कपड़ा तैयार हो जाने पर न तो दिखाई देता है और न ही पुनः प्राप्त किया जा सकता है । अतः मेड फ्रॉम Made From का प्रयोग होगा।

(2) Use of "TO ME " &" FOR ME ": -

"TO ME " is used when personal opinion is formed.

"To me". का प्रयोग वहां होता है जहां व्यक्तिगत सुझाव (Personal Opinion) दी जाए ।

जैसे :-

Taddy Bear feels soft to me.

इस वाक्य में एक राय वयक्त की गई है कि Taddy bear मुझको मुलायम महसूस हो रहा है । इसलिए To me का प्रयोग होगा।

"FOR ME" is used where personal benefit is apprehended.

"For me " का प्रयोग प्रयोग वहां होता है जहां व्यक्तिगत लाभ दिखाई पड़ता है अथवा व्यक्तिगत लाभ होने की संभावना हो।

जैसे --

Smoking is bad for me.

इस वाक्य में धूम्र पान को स्वास्थ्य के लिए खराब बताया गया है जो एक स्वास्थ्य लाभ की बात कही गई है अतः for me का प्रयोग होगा ।

(3) USE OF SHOULD , WOULD & COULD

SHOULD -- जहां पर कोई राय वयक्त करनी हो अथवा संस्तुति करनी हो वहां पर प्रायः should का प्रयोग क्रिया के रूप मे किया जाता है।

WOULD -- जहां पर आगामी / भविष्य में कोई एक्शन प्रस्तावित हो तो वहां पर प्रायः WOULD शब्द का प्रयोग क्रिया के रूप मे किया जाता है।

COULD -- जहां पर क्षमता / संभावना होती हो वहां पर प्रायः COULD शब्द का प्रयोग क्रिया के रूप में होता है।

(4),USE OF "ON" ,",AT". & "IN" --

"ON" -- इस शब्द का प्रयोग प्रायः अगले कदम(Next step) / चालू कार्यों के लिए , दिनांक ,दिन, को अंग्रेजी वाक्य बनाने मे किया जाता है ।

जैसे --

On Friday.

On Ist day of New year

On 3rd April 2026

निर्माण कार्य चालू है।

Construction work is going on.

मेरा जन्म दिन प्रत्येक साल 3अप्रैल को मनाया जाता है ।

My birthday is celebrated on 3rd April of every year.

AT-- इस शब्द का प्रयोग अधिकतर , समय / समय की अवधि / मौसम ,आदि के साथ अंग्रेजी वाक्य बनाने में करते हैं ।

जैसे --

At 10'Oclock.

At Sunrise.

At 4 P.M.

IN-- शब्द का प्रयोग किसी के अंदर प्रवेश करने के लिए अथवा किसी मौसम में कोई कार्य करने के लिए आदि के साथ अंग्रेजी वाक्य बनाने में करते हैं ।

जैसे --

In summer season

In year

In month

CHAPTER – 9
Degree in Adjective

(विशेषण की डिग्री), : Degree in Adjective (विशेषण की Degrees) :- कुछ adjectives (विशेषण) की तीन Degrees होती है। जो नीचे दी गयी हैं।

(1) Positive Degree सामान्य रूप

(2) comparative Degree तुल्नात्मक रूप

(3) superlative उत्तम रूप

(1) Positive degree (सामान्य रूप) : -

यह adjective की प्रथम डिग्री रूप है। इसमे विशेषण को साधारण तौर पर प्रयोग करते हैं।

जैसे:-

you are a good student -

तुम एक अच्छे विद्यार्थी हो।

He is a bad boy

वह एक खराब लड़का है।

She is an intelligent lady

वह एक होशियार महिला है।

This is a tall tree

यह एक लम्बा पेड़ है।

How beautiful she is

वह कितनी सुन्दर है।

(2) comparative degree(तुल्नात्मक रूप) ->

यह adjective विशेषण की दूसरी degree रूप है। इसका प्रयोग दो व्यक्तियों (या सदृश्ये व्यक्तियों या वस्तुओ में) तुलना के हेतु होता है । इसमें comparative degree तुलनात्मक रूप के adjective विशेषण का प्रयोग किया जाता है।

जैसे -

Ram is younger than Sohan

राम सोहन से छोटा है।

I am older than you

मै तुमसे बड़ा हूँ।

She is more beautiful than Shashi.

वह शशि से अधिक सुन्दर है।

She is more beautiful than Shashi.

वह राम से अधिक होशियार था।

He was more intelligent than Ram

यह गुलाब का फूल अन्य की तुलना में अधिक सुन्दर होगा ।

This rose flower will be more beautiful than others.

याद कीजिए –

(i) Comparative degree के adjective के पश्चात Than आता है।

(ii) जिस adjective विशेषण के अन्त मे ior होता है उसके बाद Than के बजाय to लगते है ।

जैसे- She is never superior to Shashi in manners

वह शाशि से कदापि उच्च आदतो की नहीं है।

(iii) जब suspensive degree को comparative degree में परिवर्तित करके प्रयोग किया जाता है तो एसी दशाओं में other का प्रयोग आवश्यक होता है।

जैसे -

Iron is more harder than any other metal.

लोहा किसी अन्य धातु से अधिक कठोर होता है।

(iv) जिन Adjective विशेषणों की Degree नहीं बनती है उनसे पूर्व अधिकता के लिए more, न्यूनता के लिए less तादाद के भाव में तथा संख्या के भाव में न्यूनता के लिए

Fewer प्रयोग करके comparative degree बना लेते है

जैसे-

She is more beautiful than Shashi

वह शशि से अधिक सुन्दर है।

He is less intelligent than Ram

वह राम से कम होशियार है।

We do not sell less then ten kg of Sweets

हम दस किलो मीठा में कम वही बेचता है।

No fewer than fifteen children were killed.

पन्द्रह बच्चे से कम बच्चे नही मारे गये।

(3) Superlative Degree(उत्तम रूप या न्यूनतम रूप) :-

यह Adjective विशेषण की तीसरी डिग्री हैं और सबसे बड़ी है। इसका दो से अधिक व्यक्तियों या वस्तुओं [या सदृश्य व्यक्तियों या वस्तुओं] मे तुलना हेतु होता है। इसमें किसी की विशेषता सबसे अच्छी या बुरी बतलाई जाती है। और इसमें Superlative Degree के Adjective विशेषण का प्रयोग होता है।

जैसे -

राम अपनी कक्षा में सबसे अच्छा विद्यार्थी था।

Ram was the best student in his class.

वह सबसे चुतुर है।

He is wiset of all.

वह सबसे छोटा कर्मचारी है।

He is the junior most employee.

भोपाल से सबसे निकट कौन सा शहर है?

Which is the nearest city to Bhopal?

वह सबसे प्रतिभाशाली लड़का अपनी क्लास का है।

He is the most intelligent boy of his class.

याद कीजिए -

(i) superlative Degree के adjective से पूर्व ' The' का प्रयोग आवश्यक है।

(ii) Superlative Degreeके Adjective के बाद 'of ' का प्रयोग प्रायः होता है।

(iii) जिन adjective की Degree नहीं बनती उनसे पूर्व अधिकता के लिए most और न्यूनता के लिए ताहाद (वजन) के भाव में least और संख्या के भाव में fewest लगाकर Superlative Degree बना लेते हैं।

जैसे -

नरेन्द्र कक्षा में सबसे शैतान लड़का है।

Narendra is the most naughty boy in the class.

सुरेन्द्र अपनी कक्षा मे सबसे कम होशियार विद्यार्थी है।

Surendra is the least intelligent student in his class.

CHAPTER – 9.1
Degree in Adverb

Degree in Adverb: -

Adjective विशेषण के समान Adverbs क्रिया विशेषण में भी तीन Degree होती है।

(1) Positive Degree

(2) Comparative Degree

(3) Superlative Degree

जैसे:-

उसका घोड़ा तेज दौडता है।

His horse runs fast (Positive Degree)

प्रताप का घोड़ा अधिक तेज दौड़ता है।

Pratap's horse runs faster.(Comparative Degree)

मोहन का घोड़ा सबसे अधिक तेज दौड़ता है ।

Mohan's horse runs fastest of all.(Superlative Degree)

राम जल्दी आया। Ram came early (Positive Degree)

राम सोहन से जल्दी आया ।

Ram came earlier than Sohan (Comperative Degree)

सुरेन्द्र सबसे जल्दी आया ।

Surendra came earliest of all. (Superlative Degree)

CHART - XX

Degree (रूप)

Degree रूप	Adjective विशेषण	Adverb क्रिया विशेषण
Positive Degree (सामान्य रूप)	She is a good girl वह एक अच्छी लड़की है।	He walks fast वह तेज चलता है।
Comparative Degree (तुलनात्मक रूप)	She is better than Shashi वह शशि से ज्यादा अच्छी है।	you walk faster तुम अधिक तेज चलते हो।
Superlative Degree उत्तम रूप या न्यूनतम रूप)	you are the best of all तुम सबसे अधिक अच्छे हो।	I walk fastest of all. मैं सबसे अधिक तेज चलता हूँ।

CHAPTER – 10
Participle, Gerund and Infinitive

(कृदन्त, क्रियार्थक संज्ञा और तुमर्थ)

(1) Participle(कृदन्त) : -

यह verb क्रिया तथा Adjective विशेषण का मिश्रण होता है। तथा संज्ञा Noun या सर्वनाम Pronoun की प्रशंसा करता है।

जैसे:-

1. A barking dog seldom bites.(Barking dog - Participle है)

   भौकने वाला कुत्ता बहुत कम काटता है।

2. It is a faded flower (Faded- Participle है)
   यह एक मुरझाया हुआ फूल है।
3. Having finished his work ,he reached the Station.
   (Having - Participle है)

   अपना काम समाप्त करके वह स्टेशन पहुँचा ।

4. He saw me coming. (Coming - Participle है)

   उसने मुझे आते हुये देखा।

(2) Gerund(क्रियार्थक संज्ञा) : -

यह verb (क्रिया) तथा Noun (संज्ञा) का मिश्रण है। यह Noun (संज्ञा) का काम करता है।

A Gerund is a verb ending in ing that functions as a noun in sentence.

Form- Verb+ ing

जैसे:-

Sleeping is good for health.

सोना स्वास्थ के लिए अच्छा है।

He likes sleeping

वह सोना पसन्द करता है।

He is busy in doing his job.

वह अपना कार्य करने मे व्यस्त है।

Reading is my hobby.

पढ़ना मेरा शौक है।

I enjoy playing Football

मुझे फुटबाल खेलने में आनंद आता है।

Swimming is a good exercise

तैरना एक अच्छा व्यायाम है।

(3) Infinitive (तुमर्थ) : -

यह संज्ञा तथा क्रिया विशेषण का मिश्रण होता है। इसमे क्रिया से पूर्व "To " का प्रयोग होता है।

An infinitive is the base form of Verb. Usually written with" to" infront of it. It can act like a noun ,adjective or adverb in a sentence

Form -- to+base verb

जैसे -

He is to go

वह जाने को है।

I like to play

मैं खेलना पसन्द करता हूँ ।

Ram is about to go

राम जाने वाला है।

I have to work

मुझे कार्य करना है।

To play is a good exercise

खेलना एक अच्छा व्यायाम है।

He is slow to work

वह कार्य करने मे सुस्त है।

CHAPTER – 11
Active Voice and Passive Voice

Active Voice (कर्तृ वाच्य) : -

इसमे कर्ता (Subject) प्रधान होता है। कर्ता स्वयं कार्य करता है। अर्थात् कर्ता Active रहता है और कर्म चुपचाप रहत◌ा है। परन्तु कार्य का प्रभाव कर्म पर पड़ता है।

जैसे:- I read my book

मै अपनी किताब पढ़ता हूँ।

Passive Voice (कर्म वाच्य) : -

इसमें कर्म प्रधान रहता है। कर्ता चुपचाप Passive रहता है। कार्य कर्म Object द्वारा किया जाता है। जिसका प्रभाव कर्ता Subject पर पड़ता है।

जैसे:-

Active Voice	**Passive Voice**
I read this book मैं इस पुस्तक को पढ़ता हूँ ।	This book is read by me वह पुस्तक मेरे द्वारा पढ़ी जाती है।
He wrote a letter उसने एक पत्र लिखा था ।	A letter was written by him उसके द्वारा एक पत्र लिखा गया।
Ram will buy a pen राम एक पेन खरीदेगा।	A pen will be bought by Ram राम द्वारा एक पेन खरीदा जायेगा ।
He is not running a race वह दौड़ नही दौड़ रहा है।	A Race is not being run by him उसके द्वारा दौड़ नही दौड़ी जा रही है।
I was teaching my son मै अपने पुत्र को पढ़ा रहा था।	My son was being taught by me मेरे द्वारा मेरा पुत्र पढ़ाया जा रहा था ।
He has finished this work वह यह कार्य समाप्त कर चुका है	his work has been finished by him उसके द्वारा यह कार्य समाप्त किया जा चुका है।
I will have finished this work by the evening मै यह कार्य शाम तक समाप्त कर चुकूँगा ।	This work will have been finished by me by the evening यह कार्य मेरे द्वारा शाम किया जा चुकेगा ।

याद कीजिए -

Active voice का कर्ता Passive voice में कर्म हो जाता है।

Active voice का कर्म Passive voice का कर्ता हो जाता है।

"By " preposition का प्रयोग होता है।

CHAPTER – 12
Direct and Indirect Narration

Direct Narration:-

इसे DIRECT speech भी कहते है। Direct = सीधा, Narration या = बात अतः Direct Nanation या Direct speech = सीधी बात Direct Narration (speech) वह है जिसमें कही बात के कहने वाले के शब्दो मे सीधा हूबहू (ज्यों का त्यों) दोहरा दिया जाता है। Direct Narration से पूर्व comma कौमा लगा होता है तथा यह Direct Narration inverted commas ("") के अन्तर्गत रखी जाती है। इसका प्रारम्भिक अक्षर Capital letter से लिखा जाता है।

जैसे-

Ram Said, "I do not go"

राम ने कहा, " मैं नहीं जाता हूँ। "

Indirect Narration: -

इसे Indirect speech भी कहते हैं। In + direct = Indirect.

In= नहीं, direct सीधी = indirect=सीधी नही अर्थात् directकीउल्टा/विपरीत Narration (speech) = बात । अतः Indirect narration (speech) = सीधी बात नहीं अर्थात् Direct की उल्टी बात । इस प्रकार Indirect Narration वह है जो Direct Narration की उल्टी है। यानी जिसमे कही बात को कहने वाले को शब्दों में नहीं दोहराया जाता है। बल्कि किसी दूसरे के शब्दो मे उसका भावार्थ कहा जाता है। Indirect Narration (speech) में न तो (,) comma का प्रयोग होता है और न ही Inverted commas (" ") का प्रयोग होता है। इसका प्रारम्भिक अक्षर भी capital letter से नही लिखा जाता है। केवल Indirect speech प्रारम्भ से पहले "that " शब्द का प्रयोग किया जाता है।

RULES FOR CONVERTING DIRECT NARRATION TO INDIRECT NARRATION

Direct Narration से Indirect Narration बनाने के नियम: -

(i) Inverted commas के अन्दर वाली speech को reported speech कहते है।

(ii) Inverted connmas से पूर्व प्रयुक्त speech को reporting speech कहते है और इस reporting speech की verb को reporting verb कहते हैं।

(iii) Reported speech के कुछ शब्दो के रूप Direct Narration से Indirect Narration बनाने पर बदल जाते हैं।

जैसे -

Today का That day हो जाता है।

(iv) Reporting verb "Tell" says, said आदि क्रियाऐ Indirect Narration मे tells -told हो जाता है। किन्तु इसका Tense कभी नही बदलता है।

(v) Reported speech को Reporting speech से जोडने के लिए Indirect

Narration में that शब्द का प्रयोग होता है।

(vi) Reported speech का first Person, Indirect Narration में Reporting verb के कर्ता के Person में बदल जाता है।

(vii) Indirect Narration में Reported speech का person, reporting verb के कर्म object के Person में बदल जाता है।

(viii) Indirect Narration मे Reported speech का Third Person नही बदलता है।

(ix) यदि Reporting speech में सार्वभौमिक सत्य universal Truth का वर्णन है तो Reported speech की क्रिया का Tense नही बदलता हैं।

(X) यदि Reporting verb, Past Tense में है तो Reported speech की क्रियाका Tense भूतकाल Past Tense के किसी भी रूप मे बदल जायेगा।

याद कीजिए: -

यदि Reported verb भूतकाल Past tense में हो तो Reported speech का verb निम्नांकित प्रकार से बदल जायेगा।

Present Indefinite Tense को Verb --Is ,Am,Are	Past Indefinite Tense -> में Verb --was,were
Present Perfect Tense को	Past Perfect Tense में
Present Perfect continuous को	Past Perfect Continuous Tense में

Past Indefinite Tense को	Past Perfect Tense में
Past Continuous Tense को	Past Perfect Continuous Tense में
Past Perfect Tense	Past Perfect Tense
Past Perfect Continuous	Past Perfect Continuous Tense
Future Tense	Future Tense

Some examples of Direct Narration and indirect Narration

DIRECT NARRATION	INDIRECT NARRATION
Mohan said," I do not go" मोहन ने कहा , " मै नही जाता हूँ।"	Mohan told that he did not go
He said, "I am tired today" उसने कहा, " मैं आज थक गया हूँ " ।	He told that he was tired that day.
He said to Ram, "Mohan will go", उसने राम से कहा,"मोहन जायेगा" ।	He told Ram that Mohan would go.
Ram says, " He is happy" राम कहता है, " वह प्रसन्न है" ।	Ram told that he is happy.
Mohan will say," I read my book" मोहन कहेगा, "मैंने अपनी किताब पढ़ी"।	Mohan will tell that he reads his book.
Rum Said ," The earth is not round " राम ने कहा," पृथ्वी गोल नही है "।	Ram told that the earth is not round

RULES FOR CHANGE OF SOME MORE WORDS FROM DIRECT NARRATION TO INDIRECT NARRATION

Direct Narration से Indirect Narration बनाने मे निकटता सूचक शब्द दूरी सूचक शब्दों में बदल जाते है ।

निकटता सूचक	दूरी सूचक
Now	Then
This	That
These	Those
Here	There

Ago	Before
Thus	So
Today	That day
Tomorrow yesterday Last night was called must To go	Next day Previous day Previous night has been called must To go

CHAPTER – 13
Complement पूरक

Complement (पूरक) वाक्य में जो शब्द अर्थ पूरा करने के लिए प्रयोग किये जाते हैं। उन्हें complements (पूरक) कहते है।

जैसे -

(1) He is a boy

वह एक लड़का है।

(2) They made him monitor

उन्होंने उसको मानीटर बनाया ।

उपरोक्त वाक्य में (1) तथा (2) से क्रमशः Boy तथा monitor शब्द निकाल दे तो वाक्य का अर्थ अपूर्ण रह जाता है। और इन शब्दो को लगाने से वाक्यो का अर्थ पूरा हो जाता है। अतः Boy तथा monitor पूरक compliments है।

(1) Kinds of Complements (पूरक के प्रकार)

Complements पूरक दो प्रकार के होते हैं: -

(i) Subjective complements

(ii) Objective complements

(i) Subjective Complements (कर्ता प्रधान पूरक:) : -

He is a boy => इस वाक्य में Boy कर्ता He से सम्बन्ध प्रकट करत है। अतः " Boy" Subjective complement कर्ता प्रधान पूरक है और " is" incomplete verb अपूर्ण क्रिया या incomplete Predication है।

(ii) Objective Complement (कर्मप्रधान पूरक) : -

They made him monitor => इस वाक्य में

मानीटर कर्म "him" से सम्बन्ध प्रकट करता है। अतः मानीटर objective complement कर्म प्रधान पूरक है और" made" verb (कृत्रिम क्रिया) fectitious verb है।

CHAPTER –14
Verb

क्रिया (Verb)

यह शब्द क्रिया बहुत ही महत्वपूर्ण है। इस शब्द क्रिया के बिना कोई भी वाक्य नहीं बनाया जा सकता है।

परिभाषा

क्रिया उस शब्द को कहते हैं जो यह बताता है कि कर्ता क्या कर रहा है अर्थात क्रिया उस शब्द को कहते हैं जो किसी कार्य के होने, करने या होने की स्थिति को व्यक्त करता है।

A word used for saying something about some person or thing , or words used for predicating is called Verb.

क्रिया के प्रकार (TYPES OF VERB)

(i) कर्म पर आधारित क्रिया (Verb -based on Object)

(ii) उपयोगिता पर आधारित क्रिया (Verb -based on Utility)

(i) कर्म पर आधारित क्रिया (Verb -based on Object) :-

(a) सकर्मक क्रिया (Transitive Verb)

(b) अकर्मक क्रिया (Intransitive Verb)

(a) सकर्मक क्रिया (Transitive Verb) :-

वे क्रियाएं जिनमें कर्म का होना आवश्यक है। इन क्रियाओं में कार्य का प्रभाव किसी वस्तु या व्यक्ति पर पड़ता है।

Those Verbs which are accompanied with some direct /indirect object, or which affect something directly or indirectly are called Transitive Verbs.

उदाहरण :-

र◌ाम आम खाता है।

Ram eats Mango

वह किताब पड़ता है

He reads book

उसने कपड़े धोए हे

Washed his clothes,

उपरोक्त सभी उदाहरण में दिए गए वाक्यो में शब्द आम, किताब, कपड़े ,कर्म Object हैं

(b) अकर्मक क्रिया (Intransitive Verb) :-

ये वे क्रियाएं होती है जिनमें कर्म नहीं होता है केवल कार्य या अवस्था का बोध होता है । इन क्रियाओं का प्रभाव किसी वस्तु पर नहीं पड़ता है।

Those Verbs which are not accompanied with any object whether direct or indirect or the verbs confined to the subject only are called Intransitive Verbs.

उदाहरण --

राम हंसता है

Ram laughs

बच्चा सो रहा है

Child sleeps

मैं चल रहा हूं

I am walking

उपरोक्त सभी वाक्यों में क्रिया कर्ता Subject से संबंधित है कोई कर्म object नहीं है।

(ii) उपयोगिता पर आधारित क्रिया (Verb -based on Utility) :-

(A) मुख्य क्रिया (Main Verb)

(B) सहायक क्रिया (Helping Verb/ Auxiliary Verb)

(A) मुख्य क्रिया (Main Verb) :--

Those action words which have both the individual meanings and identity are called Main Verb.

ऐसे क्रियाशील शब्द जिनसे वाक्य का अर्थ पूर्ण होता है वह मुख्य क्रिया कहलाती है।

(B) सहायक क्रिया (Helping Verb/ Auxiliary Verb) :-

Those words in association with main verb provide a definite meaning and identification to the sentence are called helping verbs/. Auxiliary Verbs

ऐसे शब्द जो मुख्य क्रिया के साथ प्रयोग किए जाने पर वाक्य का निश्चित पहचान/अर्थ को पूर्ण करते हैं सहायक क्रिया कहलाती है।

उदाहरण --

Is,am, are etc.

Besides above ,verbs are classified as below , according to the manner in which they form the past Tense and Past Participle.

उपरोक्त के अलावा क्रिया verbs को निम्न दो दृष्टिकोण से भी अध्ययन किया जा सकता है :-

(1) Strong Verb

(2) Weak Verb

(1) Strong Verb :- Verbs ,whose three forms are quite different from each other are called Strong Verbs.

जैसे --

Present Form , Past Form, Past Participle form

Go. Went. Gone

Write. Wrote. Written

Ride. Rode. Ridden

(2) Weak Verb --

These verbs have atleast two forms same.

PRESENT FORM	PAST FORM	PAST PARTICIPLE FORM
Cut	Cut	Cut
Shut	Shut	Shut
Cast	Cast	Cast
Read	Read	Read
Wish	Wished	Wished
Clean	Cleaned	Cleaned

आदि आदि।

VERBS NORMALLY NOT USED IN CONTINUOUS ("" ING"") FORM

निम्न क्रिया सामान्यतः continous form में प्रयोग नहीं किए जाते हैं क्योंकि ing लगाते ही उसका हिंदी मे अर्थ बदल जाता है।

Following Verbs are generally not used in continuous form because their meaning in Hindi becomes different,

(1) See

(2) Hear

NOTE--

(1) यदि शब्द "see" और "hear", को ing के साथ प्रयोग करते हैं तो उसका अर्थ पूर्ण रूप से भिन्न हो जाता है।

(2) क्रिया जो feelings भावनात्मक अर्थ को प्रदर्शित करती है अथवा मानसिक स्थिति बताती है उनको भी ing लगाकर प्रयोग नहीं करते हैं।

जैसे -

Want,Wish, Desire ,Fear, Like, Dislike, Believe,Care, Hate , Love, Hope, Imagine , Refuse, Forgive etc.

CHAPTER – 15
Miscellaneous

(1) SOME EXAMPLES FOR IMPERATIVE SENTENCES

चलो चलते हैं	Let's go
वह◌ा◌ं जाओ	Go there
चिल्लाओ मत	Don't shout
धीरे बोलो	Speak slowly
मेरी बात सुनो	Listen to me
यहां आओ	Come here
चिंता मत करो	Don't worry
अपने जूते पहन लो	Take your shoes
धीरे खाओ	Eat slowly
समय बर्बाद मत करो	Don't waste time
दरवाजा बंद करो	Close the door
लाइट बंद करो	Shut off the light
खिड़की खोलो	Open the window
कम करना	Curtail

(2) TIME PHRASEs

समय रहते	In time
समय पर	On time
समय समाप्त होना	Out of time
समय समय पर	From time to time
समय से पीछे	Behind the time
समय से पहले	Ahead of time
आखिरी समय पर	Just in time
अगली बार	Next time
पिछली बार	Last time
हर समय	All the time
अभी के लिए	For the time being
समय बहुत जल्दी चला जाता है	Time flies

(3) SOME OTHER PHRASES

(i) Struggle ends at success and not at failure.

(ii) If you are a fish then swim, don't try to climb on a tree.

(iii) If by chance you don't succeed try once twice thrice and then Stop being a fool about it, had onto something you can hold onto.

(iv) During struggle, many people would walk away, those are one's you don't need in your success party.

(4) SERMON

Students are advised to imprint the following works for achieving sure success, in their life.

A- Avoid waiting for tomorrow

B- Be prompt in all dealings

C- consider well before you commit yourself

D- Dare to-do right, fear to do wrong

E- Eschew eveil

F- Feed the ready

G- Go not into the Company of vicious

H- Hold integrating sacred

I- Injure not mother's reputation

J- Jump not, think twice K-know what is what

L- Lie is not for any consideration

M- Make the must of the Gods create in around us

N- Never try to appear what your are not

O- Observe good manners

P- Pay your deble-promptly

Q- Question nest veracity of a pried/parent

R- Respect the Council of Parents

S- Save when you care going and speud I when you are old.

T- Touch not take not handle not, what is bad

U- Use your leisure June for improvement

V- Venture not to do injustice to your walk

W- When depressed look at The Cheerful side.

X- Extend to everyone a kindly solution

Y- Told not to discourage me ment

Z- Zealously labour for the right, success Certain.